はじめに

「遊び」は私の宝です。
私は子どもの頃から、私自身が本当に楽しいと思った遊びを、
ずっと宝石のように心の中に大事に溜めてきました。
それを今、皆さんと分かち合いたいと思い、本にしました。

本書では遊びのやり方を説明しています。
そのような本は今までにもありましたが、
この本には他にはない遊びがたくさん詰まっています。
中には初めて活字になる遊びもあります。
そうした遊びこそが、たくさんの仲間と何度も遊んで磨き上げた、私の宝なのです。

皆さんに、この中のいくつかでも実際に遊んでいただき、
その輝きを共有できたら、こんなにうれしいことはありません。
どうぞあなたもこの本を開いて、楽しんでみてください。

これは私から皆さんに贈る、「遊びの宝箱」です。

草場純

もくじ

3 はじめに
8 本書の見かた

9　第1章　わらべ遊び

	——— タイトル ———	—人数—	—対象—
10	鹿しか、つの何本？	2人	幼児〜
11	なかなかホイ	2〜20人	幼児〜
12	堂々巡り	1〜10人	幼児〜
13	いもむしごろごろ	2〜10人	幼児〜
14	蛇ごっこ	4〜20人	幼児〜
15	青山墓地	2人〜	幼児〜
16	黒猫	8〜30人	幼児〜
17	からすかずのこ	5〜15人	幼児〜
18	おてぶし	8〜20人	幼児〜
19	羅漢回し	5〜10人	幼児〜
20	竹の子1本	3〜8人	幼児〜
21	イロハニコンペイト	5〜20人	低学年〜
22	はじめの一歩	8〜20人	幼児〜
24	花一匁	8〜20人	幼児〜
25	あぶくたった	6〜20人	幼児〜
26	今年の牡丹	6〜20人	幼児〜
27	鍵	8〜20人	低学年〜
28	くつかくし	3〜10人	幼児〜
29	まりつき	1〜5人	幼児〜
32	ながなわとび	3〜20人	低学年〜

18　おてぶし

29　まりつき

33　第2章 外遊び

34	竜巻	1～10人	低学年～
35	猿の谷渡り	1～20人	低学年～
36	長馬	4～12人	高学年～
37	いちにのさん	3～7人	幼児～
38	どこいき	3～15人	低学年～
39	一週間	2～10人	低学年～
40	天国と地獄	2～10人	低学年～
42	ぞうきん	2～10人	低学年～
44	増やし鬼	5～100人	低学年～
45	車輪鬼	4～8人	幼児～
46	ぐるぐる鬼	5～10人	低学年～
47	台鬼	3～15人	低学年～
48	朝礼台鬼	2～5人	高学年～
49	ブランコ鬼	3～5人	低学年～
50	凍り鬼	10人～	低学年～
51	しっぽとり鬼	5～15人	低学年～
52	色鬼	4～20人	低学年～
53	缶蹴り	5～10人	低学年～
54	8の字	2～10人	低学年～
55	天下取り	4～8人	低学年～
56	フライ取り	3～10人	低学年～
57	はさみっこ	3～10人	低学年～
58	五当て	3～20人	高学年～
59	天下町人	4～7人	低学年～
60	会戦	4～30人	低学年～
61	タッチ陣取り	4～50人	低学年～
62	じゃんけん陣取り	4～50人	低学年～
63	Sケン	8～30人	低学年～
64	8ケン	8～20人	低学年～
65	ぐるぐるケン	8～50人	低学年～
66	水雷艦長	8～60人	低学年～
68	ボーダーボール	10人～	低学年～

39　一週間

48　朝礼台鬼

62　じゃんけん陣取り

69　第3章　室内遊び

70	投扇興	2～10人	高学年～
72	藤八拳	2人	高学年～
73	出せ出せ（どんどん拳）	2人	低学年～
74	軍艦じゃんけん	2人	低学年～
75	グリンピース・ドン	2人	低学年～
76	ウルトラじゃんけん	2～20人	幼児～
77	ペアじゃんけん	4、6、8人	低学年～
78	じゃんけんカブト	2人	低学年～
79	顔合わせ	2人	低学年～
80	貴殿の頭	2人	幼児～
81	金毘羅船々	2人	低学年～
82	鉛筆会戦	2人	低学年～
83	電話交換機	2～20人	低学年～
84	巻紙探検	2人	低学年～
85	三山くずし	2人	低学年～
86	マルバツ	2人	幼児～
87	豚のしっぽ	4人	低学年～
88	セブンスペード	2～6人	高学年～
90	オーサー	4～8人	高学年～
91	掛合トランプ	4人	高学年～
92	ドミノ	2～6人	低学年～
93	チェッカー	2人	高学年～
94	青冠	4人	低学年～
95	ステッケムアップ	5～12人	低学年～
96	ごいた	4人	低学年～
98	市場の商人	5～12人	高学年～

75　グリンピース・ドン

86　マルバツ

94　青冠

99　第4章　パーティーゲーム

100	はなはな	2人〜	幼児〜
101	大きいちょうちん	2人〜	幼児〜
102	ものはづけ	2人〜	幼児〜
103	あたまとり	2〜5人	低学年〜
104	フラッシュ	3〜30人	低学年〜
106	好きですか？嫌いですか？	5〜50人	低学年〜
107	頭足類	2〜20人	高学年〜
108	人名地名	1〜20人	高学年〜
110	古今東西	6〜20人	高学年〜
111	古今南北	6〜20人	高学年〜
112	詠み人知らず	8〜30人	低学年〜
113	どびん	5〜20人	低学年〜
114	ちゃびん	4〜8人	低学年〜
115	魚鳥木	8〜20人	低学年〜
116	王様じゃんけん	8〜40人	低学年〜
118	大金持ち	5〜50人	低学年〜
119	5つの命	8〜20人	高学年〜
120	追いかけハチマキ	8〜30人	低学年〜
121	ハンカチ落とし	8〜30人	低学年〜
122	フルーツバスケット	8〜40人	低学年〜
123	満員電車	15〜30人	低学年〜
124	ホッキー	2人〜	低学年〜

108　人名地名

121　ハンカチ落とし

125	対談　遊びへの誘惑（草場純×斎藤次郎）
128	さくいん
129	あとがき

本書の見かた

① タイトル
遊びの名前です。

② 解説
遊びに入る前の導入文と解説文です。

③ 人数
遊びができる人数です。

④ 対象
遊びができる対象です。「幼児〜」「低学年〜」「高学年〜」の3つがあります。

⑤ 危険マーク
危険を伴う遊びには、危険マークがつきます。

⑥ 準備するもの
遊びに必要なものです。何も準備する必要がない場合は、記載がありません。

⑦ 遊びかた
遊びの説明です。

⑧ 一言コメント
遊ぶにあたっての追加コメントです。

⑨ ポイント、補足、バリエーション、コラム
遊ぶためのワンポイントや補足、この遊びのバリエーション、コラムです。

⑩ カテゴリー
「第1章 わらべ遊び」「第2章 外遊び」「第3章 室内遊び」「第4章 パーティーゲーム」の4つに分類しています。

第1章
わらべ遊び

わらべ歌にのせた遊びや、
日本古来の「伝承遊び」。
昔から受け継がれている、
遊びの名作です。

10	鹿しか、つの何本？	20	竹の子1本
11	なかなかホイ	21	イロハニコンペイト
12	堂々巡り	22	はじめの一歩
13	いもむしごろごろ	24	花一匁
14	蛇ごっこ	25	あぶくたった
15	青山墓地	26	今年の牡丹
16	黒猫	27	鍵
17	からすかずのこ	28	くつかくし
18	おてぶし	29	まりつき
19	羅漢回し	32	ながなわとび

鹿しか、つの何本？

2人 幼児〜

スキンシップを楽しみながら

単純ですが、作家・柳田國男さんの著書にもある由緒ある遊びです。お母さんと幼児で、あるいは小さな子どもどうし、スキンシップを楽しみながら遊びましょう。基本は2人の遊びです。

遊びかた

1 出題者と回答者を決めます。
3人以上で遊ぶときは、2人以外は見物人と審判に。

見物人や審判がいるほうが盛り上がるよ！

ポイント
線を引くコツ
- □ 回答者の首のすぐ下から腰の上あたりまで、背中の真ん中にまっすぐ引きます。
- □ 2本指以上で線を引くときは、指と指の間をできるだけ大きく開きます。

2 出題者は回答者の後ろに立ち、「鹿しか、つのな〜んぼん？」と言いながら、片手で回答者の背中に線を引きます。

もちろん、このとき回答者は後ろを見ちゃダメ！

出題者は、1本指で引くか、2本指で引くか、3本指で引くか、4本指で引くか、パーのような5本指で引くかを決めて、線を引きます。

3 回答者は感じたまま「○本！」と答えます。
はずれたら出題者も回答者も変わりません。
当たったら出題者と回答者は交代です。見物人や審判がいるときは、その人たちと適当に交代しましょう。

この遊びで本当に意外だと思うのは、人間の背中の感覚の鈍さ。はっきり言って、3〜5本の区別はほとんどできません。そこを勘で言い当てるのが面白い！
たったこれだけの遊びですが、小さな子どもがキャッキャと喜んで、得意になってお母さんの背中に何度も線を引きますよ。

※にぎった手の中の棒の数を当てる同名別ゲームもあります。

なかなかホイ

リズミカルで応用の広い手遊び

いつでもどこでもできる、簡単な歌遊び・手遊びです。おとなも子どもも、リズムに乗る楽しさを味わえます。1番と2番で動作が逆になるのがミソ。

2〜20人 幼児〜

遊びかた

1 まず向かい合って、互いに両手を軽く握って前へ出します。

2 ♪ なかなかホイ　そとそとホイ
　　　なかなかそとそと　なかなかホイ
　♪ そとそとホイ　なかなかホイ
　　　そとそとなかなか　そとそとホイ

と歌いながら、こぶしを開いたり閉じたりします。「なか」のところではこぶしを近づけ、「そと」のところでは腕を広げます。

地方によっては、第三連を「なかそとそとなか」とするやりかたもあります。物足りなくなった人はどうぞ！

バリエーション

幼児や小学校低学年向きの遊びですが、手でなく足でやったり、輪になって「なか」で前に進み「そと」で退いたりするなど、アレンジすれば応用範囲は広がります。
例えばまっすぐ立ち、「なか」で両手を頭の上で閉じ、「そと」で両手両脚を大きく開いて全身で×の形を作るようにすると、結構いい運動になります。さらに子どもたちが相談して、「なか」のポーズはこれ！「そと」のポーズはこれ！　と決めると、ちょっとしたダンスにもなります。
また、手先だけでなくひじとひじで大きくやったり、指先だけで小さくやることもできます。デイケアセンターでお年寄りと一緒にやったら、とても喜ばれました。

なかなかホイ

そとそとホイ

なかなか　**そとそと**

なかなかホイ

わらべ遊び

堂々巡り(どうどうめぐり)

1～10人　幼児～

ああ、あの頃に帰りたい！

とてもゲームとは言えないようなごく簡単な遊び。でも、不思議なことにこんなことが小さい頃にはとても楽しかったんです。ああ、あの頃に帰りたい。この「あの頃」は3歳か4歳だったかと……。

|||||||||||||||||| 遊びかた ||||||||||||||||||

1 遊ぶ場所を決めます。

> 私が小さい頃は、近所の熊野神社の境内に生えている大きな木の幹の周りや、鳥居の片方の足の周り、コマ犬の周り、小さな祠の周りなどでやりました。
> 場所は別にどこでもよく、いつでもどこでもできます。用意するものも何もありません。私は3～5人で遊んでいましたが、1人でもできるし、10人でもできますよ。

2 みんなで手をつないで、その場所を囲む輪を作ります。

> 場所を立ち木に決めたら、木の幹を囲むよ。

3 歌いながらぐるぐる回ります。

♪ どーどーめーぐり　こーめぐり
　あーわのめーしも　いーやいや
　ひーえのめーしも　いーやいや
　そばきりそーめんたべたいな

※私の伝え聞いたメロディもありますが、別に気にせずに、好きに節をつけてください。

4 くたびれるまで、あるいは飽きるまで、ぐるぐる回ります。目が回るので、1回、または2回歌い終わるごとに、回る方向を変えます。

コラム [歌の言葉も面白い]

【堂々巡り】は文献にも出ていて、そこでは、「粟(あわ)の餅もい～やいや、米の餅もい～やいや」となっていたので、驚いたことがあります。私の記憶違いだったのかもしれませんが、文献を読んだときは「米の餅ならいやとは言わないだろうに」とも思ったものです。
ともあれ合理的とばかりは言えないのが、わらべ歌ですね。

第1章

いもむしごろごろ

おとなは膝を痛めないように!
基本的に小さい子ども向けの遊び。室内でやるときはよいのですが、屋外の場合は範囲を決めたほうがいいでしょう。それほど広い場所でなくても楽しく遊べますよ。

2〜10人 幼児〜

遊びかた

1 まず全員しゃがみます。そしてそれぞれが歌いながらしゃがみ歩きをして、ゆっくり進みます。歌は斉唱でもいいし、そろわなくてもOK。

♪ いもむーしごーろごろ
　ひょーたんぽっくりこ
　いもむーしごーろごろ
　ひょーたんぽっくりこ

好きな方向に、歌いながら、しゃがみ歩きで進もう。

2 しゃがみ歩きしながら、出会った子とじゃんけんをします。

3 じゃんけんに負けた子は勝った子の後ろにつき、両手を前の子（勝った子）の肩にかけて、今度は2人で歌いながらしゃがみ歩きをします。

♪ いもむーしごーろごろ
　ひょーたんぽっくりこ
　いもむーしごーろごろ
　ひょーたんぽっくりこ

4 また誰かと出会ったら、列の先頭どうしがじゃんけんをします。負けたら列ごと、勝った子の列の後ろにつきます。

5 4を繰り返すと、だんだん列が長くなり、数も少なくなっていきます。最後に1列になったとき、先頭の子は最後の子の後ろまで歌いながら進んで肩に手を置き、円になります。

♪ いもむーしごーろごろ
　ひょーたんぽっくりこ
　いもむーしごーろごろ
　ひょーたんぽっくりこ

と歌いながら、ぐるぐる回っておしまい!

わらべ遊び

蛇(へび)ごっこ

4〜20人　幼児〜

ゲーム性ゼロの本当の遊び!

勝ち負けはありません。みんなで手をつないで、いろいろなところを巡るのが楽しいのです。昔の遊びは異年齢遊びがほとんどで、小さい子を楽しませるのが本当の目的なのです。

||||||||||||||||||| 遊びかた |||||||||||||||||||

1 まず親を決めます。

「親」と呼んだり、「蛇の頭」と呼んだり、ただ「頭」と呼んだりするよ。

2 親が指揮し、親から手をつないで、列を作ります。親の右手に1人の子の左手がつながり、その子の右手に次の子の左手がつながり……というように、全員でひとつながりの長い列を作ります。これが「蛇」です。

好きな方向に、歌いながらゆっくり歩きで進もう。

3 蛇ができたら次の歌を唱えながらくねくねと進みます。どこへ進むかは親が決めます。歌は一応メロディーはありますが、唱え歌ですので、適当でかまいません。

　♪ つーながれ
　　つーながれ
　　へびごっこするもの
　　つーながれ

ポイント
小さい子どもたち向きの遊びですので、最初は年かさの子が親をやるといいでしょう。親は全体を見通して無理のないコース取りをする必要がありますから、案外技量が必要です。

4 柵をまたいだり、木の下をくぐったり、材木の上を渡ったり、植え込みを通り抜けたり、とにかく親の決めたコースを蛇は順次通過していかなければなりません。途中で列が切れてしまったら、いったん遊びは終わり。

新しい親を選びなおして列を作りなおし、同じように遊びます。次の親は前の親が指名することが多いようです。

まったく同じ遊びで、【鶴】という遊びもあります。歌が違うだけです。

　♪ つーる　つーる
　　さーおになあれ
　　かーぎになあれ
　　たいころばーちの
　　ふーたになあれ

青山墓地(あおやまぼち)

おなじみの手合わせ歌遊び

【みかんの花】【おちゃらかホイ】など、2人で向き合って歌いながらリズムに合わせて手を打ち合うのが手合わせ歌遊び。その遊びのひとつです。

2人～　　幼児～

遊びかた

1 2人で向かい合い、歌いながら、まず自分の手をパチンと1回拍手をするように打ちます。

2 互いに手のひらを向け合って、両手を打ち合わせます。

3 1と2をリズミカルに繰り返します。歌と合わせて下のような動作もします。

♪ 青山墓地からお化けがひょ～ろひょろ

「ひょ～ろひょろ」では、2人とも両手の先だけ前に垂らして「うらめしや～」のポーズ。

♪ お化けのあとから子ぶたがブーブー

「ブーブー」のところでは、両手の人差し指だけ立てて頭の上で上下に振ります。これは子ぶたの耳！

♪ 子ぶたのあとからおけ屋さんがオッケオッケ

「オッケオッケ」のところでは、肩をすくめるように、2度上げ下ろしします。

♪ おけ屋さんのあとから子どもがじゃんけんぽん

「じゃんけんぽん」でじゃんけんをします。もちろん歌うようにやりましょう。

バリエーション

物足りない人のために、ちょっとした罰ゲームと大勢のときのやりかたをご紹介。

罰ゲーム　じゃんけんに負けた人は「気をつけ！」をします。身動きしてはいけません。勝ったほうの人は相手を指さしながら次のように歌います。
「♪バカアホまぬけ、おたんこなすカボチャ。そっぱそっぱみそっぱ。あんたキライ、ふん」負けたほうは最後の「ふん」だけはそっぽを向いていいのですが、あとはじっとしていなくてはなりません。これは伝統的なものなのですが、現代ではちょっと問題かもしれませんね。

大勢のときは　向かい合わせの二重円になって、終わるごとに1人ずつずれて、次々と違う人とやりましょう。この場合も歌は全員で一斉に歌い、動作もシンクロさせます。じゃんけんは1回勝負。あいこのときの罰ゲームは、互いに相手を指さしながら2人同時に歌います。

わらべ遊び

黒猫（くろねこ）

8～30人 　幼児～

「プレ鬼ごっこ」として楽しもう

幼稚園の年少さんなど、「鬼ごっこ」の意味がまだよくわからない子どもたちに、鬼ごっこの前段階として教えて楽しむといいですよ。ちなみに分類としては「鬼ごっこ」ではなく「鬼交代」です。

遊びかた

1 オニを1人決め、オニ以外の全員で内側を向いた円陣を作ります。

2 全員で「うちの裏の黒猫が、おしろいつけて紅つけて、人に見られてちょいと隠す」と歌います。メロディーのある「歌」ではなく、「唱え」と呼ばれるものですので、好きな節で唱えてください。

> 「♪ウッチのウッラの、クロネコが、オシロイつけて、ベニつけて、ヒットにみられて、チョイとかくす～」というように歌うよ。

3 唱えに合わせてオニは円陣の中を反時計回りに、猫の動作をしながら歩きます。

「ウッチのウッラの、クロネコが」のところは、手をヒシャクのように曲げて、犬かきのようにかわいらしく動かします。

「オシロイつけて」は、平手で自分のほっぺたをなでるようにします。「ベニつけて」は、人差し指だけを出して、唇の上で左右に動かします。

「ヒットにみられて」では片手を日よけのようにかざして、遠見のような格好をします。「チョイとかくす～」で立ち止まり、外を向き、ちょうどそこにいた人の肩に軽く手を置きます。

4 オニが唱え終わったときに、そこにいた人（肩に手を置かれた人）とオニを交代します。

ポイント

私の子どもの頃は、こんなことを延々とやっていたのですが、最近の子は飽きっぽいので工夫が必要です。はじめは全員立っていて、交代したオニ（オニをやった人）はその場にしゃがみ、もうオニにならないようにすれば、何度もオニにならずにすむし、オニにならない子もいなくなるため公平で、飽きなくてすむでしょう。特に人数の多いときは、このほうがだれません。また全員がしゃがんだら、次は交代したオニが立って、しゃがんでいる人とだけ交代するようにすれば、重複なしに2巡できます。

からすかずのこ

増やし鬼の要素をもった鬼交代遊び

最初は1人だったオニが、だんだん増えてくるにしたがって、コドモがだんだん減ってくる。たったこれだけですが、次第に緊張感が高まり、ついにクライマックスへ！

5〜15人 幼児〜

遊びかた

1 コドモは内向きの円陣を作って寄りそいます。つまり、肩がふれあうほどに近づき合って最小の円を作るわけです。

2 オニは、円陣の周りを
♪かーらすかずのこ　にしんのこ
　おしりをねらって　かっぱのこ

と歌いながら、反時計回りに歩き回ります。歌はオニもコドモも一緒に歌いますが、最後の「かっぱのこ」だけはオニが歌います。しかもここはオニは歩みを止め、「かっぱのこ」のリズムに合わせ、ちょうど目の前にいる子のお尻を軽くトントントンと平手でたたきます。

3 たたかれた子が新しいオニになって、さっきまでオニだった子の前に立ちます。1人抜けてちょっぴり小さくなった円陣の周りを、縦に並んだ2人のオニが一緒に歌いながら歩きます。

4 次に「かっぱのこ」でお尻をたたかれた子は3人目のオニになり、オニの先頭に立ち、オニの行列は歌い巡ります。このように、お尻をたたかれた子が、オニの列の先頭にオニとして立ち、次の子のお尻をたたいていきます。

5 円陣は3人になり、2人になり、最後の1人になります。この1人は最後の「かっぱのこ」でオニ全員にお尻をたたかれて1ゲームが終わります。

円陣はどんどん小さくなるよ。

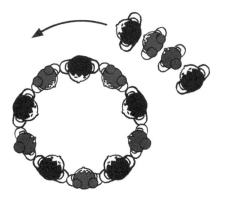

コラム[これも時代？]

私はある時期以降、元歌を変え、次のように教えるようにしました。

♪かーらすかずのこ　にしんのこ
　せなかをねらって　かっぱのこ

たたくのはもちろん背中です。子どもどうしではいいのかもしれませんが、おとなが交じって遊ぶなら、このほうが無難です。これもある種、世相なのでしょう。

わらべ遊び

おてぶし

8〜20人 | 幼児〜

楽しい当てもの遊び

オニがいない間に宝を隠し、それをオニが見つけるという遊びです。【くつかくし】などの系統の遊びですが、隠す物を子どもたちの1人が持つという点が違います。10人以上が面白いでしょう。

|||||||||||||||| 遊びかた ||||||||||||||||

1 オニを1人決めます。
オニ以外は内向きの一重円を作って立ちます。オニは輪を外れて少し離れたところに行って、後ろを向いて目を閉じます。

> 輪になるときは、床やイスに座ってもいいよ。

2 輪のコドモはオニにわからないように相談して「宝」を決めて、それを輪の中の誰かが手の中に隠します。

> 宝は小さな木の実、きれいな小石、5円玉、ろう石など、何でもOK。

3 宝を持った子は、胸の前に宝を隠した両手を合わせて軽く振ります。他の子も同じような動作をして、あたかも宝を持っているようなふりをします。

4 輪のみんなで「もういいよ〜」とオニを呼びます。

ポイント

宝を隠し持った人が次のオニになるので、なるべくまだオニになったことのない人が宝を持つようにしましょう。

5 オニが輪の内側にきて、ゆっくり歩きながら、宝を持っている子を当てます。輪のコドモは歌を歌いながら、オニの宝探しに協力します。

> ♪ おてぶしてぶし　てぶしのなかは
> 　へびのなまやき　かえるのさしみ
> 　いっちょうばこやるから
> 　まるめておくれ　い〜いや！

> 輪のコドモは歌いかたでヒントを出します。オニが宝を持っている人に近づくと、声を大きく、離れると声を小さくします。これがヒントになって結構当たります。

6 「い〜いや！」のところで、オニは「宝の持ち主」と思った人を指さします。指された子は手を開きます。

その子が宝を持っていたら……
→ みんなで「大当たり！」と言って宝を見せ、次のオニになります。
その子が宝を持っていなかったら……
→ みんなで「大はずれ！」とはやして再挑戦。また歌いながら回ります。

チャンスは3回。3回とも外れたら、みんなで正解を教えてあげてオニを交代します。次のオニは宝の持ち主です。

羅漢回し

あわてるとつい同じ動作を……

この羅漢とは五百羅漢のことです。たくさんの修行僧がいろいろなポーズで彫られている五百羅漢のように、いろいろな動作を回していくので、こんな名前がついているのです。

5〜10人 幼児〜

遊びかた

♪ そろたそろたよ、羅漢さんがそろた。羅漢さんがそろたら、回そじゃないか。よいやなのよいやサ、よいやなのよいやサ……（唱えるメロディーは自由）

この歌に合わせて、
①天狗の鼻（両手のこぶしを重ねて自分の鼻の上に立てます）
②鬼の角（両手のこぶしを重ねて自分の頭の上に立てます。一本角の鬼！）
③仙人のあごひげ（両手のこぶしを重ねて自分のあごの下にあてます）
④こぶとりのこぶ（両手のこぶしを重ねて自分の頬にあてます）
の4つの動作を回していきましょう。

①天狗　　**②鬼**

③仙人　　**④こぶとり**

1 輪になります。車座に座ってもいいし、立って内向きの一重円になってもOK。

2 スタート役を決め、「♪そろたそろたよ……」と、みんなで手拍子をとって歌い始めます。

3 歌いながら、最初の「よいやなのよいやサ」の「サ」で、スタート役は4つの動作のうちの1つをします。

4 次の「よいやなのよいやサ」の「サ」で、最初の人の右隣の人は残りの3つの動作のうちの1つをします。

5 こうして、歌に合わせて4つの動作のどれかを順番にやっていきます。直前の人と同じ動作をしたり、動作を間違えたら負け。

6 負けた人をスタート役として、再び最初から歌い始めます。

シンプルで盛り上がる遊びだよ。

ポイント

小さな子がいる場合は、始める前に4つの動作をみんなで練習し、歌のどこで動作をするのかを確認してから始めましょう。年かさの子が多い場合は、「よいやサのよいやサ」と2回「サ」のところで、回します。回ってくる回数が2倍になって、結構難しくてドキドキしますよ。

わらべ遊び

竹の子1本
たけ こ いっぽん

3～8人 | 幼児～

子どもと一緒に遊んでみましょう！

オニたちは童話の『大きなかぶ』のように連なって竹の子を引っ張ります。こうやって最後の1人が抜けるまで、これを繰り返します。だんだんオニが増えて、竹の子を取り囲むところが面白いです。

遊びかた

1 東屋(あずまや)の柱やベンチの脚、立ち木などのどっしりとして動かないものを見つけ、オニを決めます。

2 1で見つけた柱などを、1人が両手で抱えます。

3 次の子がその子の後ろにしゃがんで、両手で胴を抱えるようにつかまります。
※おなかを痛めるので、指は組まないように。

4 以下同様に、オニ以外の子は順次前の子につかまって列を作ります。

> 一番大きい子がオニになり、あとはコドモになるのがよいでしょう。

5 オニは列（竹の子）に、「♪竹の子1本ちょうだいな」と歌いながら近づきます。竹の子たちは、それに「♪まだ芽が出ないよ」と歌って答えます。以下3番まで繰り返します。

6 オニは「♪もう芽が出たよ」のフレーズを聴いたら、一番後ろの竹の子を引っぱり抜きます。前の子から手が離れてしまった竹の子は、オニと一緒に「抜けた～」と叫びます。

7 抜かれた子もみんなオニになり、残った竹の子を抜きます。5から繰り返し、全部の竹の子が抜けたら終わりです。

竹の子1本の歌

オニ	♪竹の子1本ちょうだいな
竹の子	♪まーだ芽ーが出ーないよ
オニ	♪竹の子2本ちょうだいな
竹の子	♪もうすぐ出ーるよ
オニ	♪竹の子3本ちょうだいな
竹の子	♪もう芽ーが出たよ

第1章

イロハニコンペイト

簡単な道具で工夫が生きる遊び

課題→解答型の問題解決ゲームです。「お持ち」が立体的な課題を出し、コドモがそれに体を使って答えるのです。偶然の造形も面白いし、身体感覚も鍛えられ、チャレンジ精神も伸びる優れた遊びです。

5〜20人　低学年〜

||||||||||||||||| 準備するもの |||||||||||||||||

☐ ゴムひも　5〜6mぐらい

||||||||||||||||| 遊びかた |||||||||||||||||

1 ゴムひもの両端を結んで輪にします。じゃんけんなどで「お持ち」を2人選び、残りの子どもたちは1列に並びます。

2 お持ちの2人はゴムひもの輪を8の字にして、左右から8の字のふくらんだところを持ち、向かい合います。

3 お持ちは「イロハニコンペイ……」と言いながら両手を適当に動かし、「……ト」と言うのと同時に動作を止めます。

※このとき、立ったり座ったり、ゴムひもを引っかけたり、足で踏んだり、高くしたり、低くしたりしてポーズをとり、複雑な形を作ります。

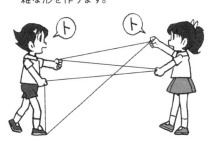

5 並んだ子は1人ずつ順に、お持ちの人の間をゴムひもにさわらないように通り抜けます。

ゴムひもにさわらなければ、跳んでもくぐっても、またいでも這ってもいいです。

4 ゴムひもにさわらず通り抜けられたら、再び列の後ろに並びます。もしさわってしまったら、交代して新しいお持ちとなり、また「イロハニコンペイト」と始めます。お持ちだった人は列の末尾につきます。全員が通り抜けたらお持ちは交代せず、また「イロハニコンペイト」からスタートです。

わらべ遊び

21

はじめの一歩

動いたのを見られてはいけないよ！

「だるまさんがころんだ」と呼ばれる遊びです。しかし、「だるまさん……」は数の数え方で、遊びそのものの名前は【はじめの一歩】なのです。あまり類のない、変わった遊びです。

8〜20人　幼児〜

|||||||||||||||| **遊びかた** ||||||||||||||||

1 オニの「立つ場所」を決めます。

> 広場の端の電柱とか、林の外れの木立とか、校庭のジャングルジムとか、その手前に十分な空間があればどこでもかまいませんが、あまり起伏に富んだ場所ではやりにくいでしょう。平地がやりやすいです。

2 オニの立つ場所から十分に離れたところ（10歩から20歩ぐらい）の地面に、横線を引いておきます。これが「はじめの線」です。

3 じゃんけんなどでオニを決めます。

4 オニは立つ場所から、「オニが何歩進むか」を決めます。最もフェアなのは一貫して「大また10歩」などとすることです。年齢差が大きい場合などは、オニの年齢によって「この子は15歩」とか「この子は5歩」などとみんなで相談して変えてもいいでしょう。

5 次に全員で、はじめの線からオニのほうへ跳びます。このとき「はじめのい〜っぽ！」と唱えながら跳びます。

6 コドモが全員「はじめの一歩」を跳んだら、オニはコドモたちに背を向けて、大きな声で「だ・る・ま・さ・ん・が・こ・ろ・ん・だ！」と唱え、振り返ります。

7 コドモは、オニが後ろを向いているすきにオニに近づきます。

> オニが振り返ったときは、決して動かないように！
> オニに近づく目的は、オニにタッチすること！

8 オニはコドモが動いているのを見つけたら、「××ちゃ〜ん」と名指しして捕虜にします。捕虜はオニのところへ行って、オニと片手をつなぎます。

9 まだ捕まっていないコドモがいれば、オニは再びコドモたちに背を向けて、大きな声で「だ・る・ま・さ・ん・が・こ・ろ・ん・だ！」と唱え、振り返ります。

10 そのあとは同じことを繰り返し、2人目以降に捕虜になったコドモは、先に捕虜になったコドモと手をつなぎます。

> オニから1列の鎖が、はじめの線のほうに向かって延びるよ。

11 オニが背を向けて唱えているあいだに誰か1人がオニにタッチしたら、全員が逃げ出します。タッチの仕方と逃げ方は、捕虜の人数によって少し違いがあるので、3つに分けて説明します。

(1) 1人も捕まっていない場合
　　　　　　　　……捕虜0人

オニの体のどこにタッチしてもかまいません。オニが振り向く前に（振り向いても名前を言われる前に）オニの背中などに触って、「オニ切った！」と叫んで、みんなではじめの線のほうへ逃げます。

(2) 何人か捕まっている場合
　　　　　　　　　……捕虜数人
まだ捕まっていないコドモが、オニと最初の捕虜がつないでいる手を、自分の手を手刀のようにして断ち切ります。そうして、「オニ切った！」と叫んで、みんなではじめの線のほうへ逃げます。

(3) 全員が捕まった場合
　　　　　　　　　……捕虜全員
オニ自身が最初の捕虜とつないでいる手を、もう一方の手を手刀のようにして断ち切ります。そうして、自分で「オニ切った！」と叫んで、みんなをはじめの線のほうへ逃がします。

12 コドモが逃げ出したら、オニは大きな声で「だ・る・ま・さ・ん・が・こ・ろ・ん・だ！」と唱え、「止まれ！」や「ストップ！」と叫びます。

13 コドモは「止まれ」と言われたら直ちに止まります。もう動いてはいけません。ここはフェアにやりましょう。
止まったらオニはあらかじめ定められていた歩数を跳んで、そこで届く範囲のコドモにタッチします。歩数が許せば何人捕まえてもかまいません。

14 捕まったコドモが1人なら、その子が新しいオニになって、**5から13を**繰り返します。捕まった子が複数いたら、その中でじゃんけんをして負けたコドモが新しいオニです。誰も捕まらなかったら、同じ子がオニになりますが、その場合、1回目10歩で誰も捕まえられなかったら、2回目は12歩というように、歩数を1、2歩割り増すことが多いようです。

わらべ遊び

花一匁
はないちもんめ

8〜20人 幼児〜

誰もが一度は遊んだ、よく知られた遊び

全員が参加でき、みんなが主人公になれる優れた遊びです。大きい子も小さい子も交じって、穏やかに遊びましょう。同じ人を何度も選ばず、みんなが一度は選ばれるといいですね。

遊びかた

1 手をつないで問答をしながら前へ行ったり後ろへ下がったりします。そのうち1人ずつを指名してじゃんけんをし、負けたら相手側の陣営に取られてしまいます。

2 歌は問いと答えの掛け合いになる一種の問答歌。昔はゲームに入るための前歌がありましたが、案外忘れられているので、ここに記しておきます。
①と②が前歌で、ゲームの最初に1回だけ歌います。

> 東京の私の育ったあたりでは、②の答では、「東京まとめて花いちもんめ」と歌っていましたが、他の地方ではどうなのでしょう。

ポイント
指名するときは、まだ指名されていない人を指名する、続けて同じ人を指名しないなどルールを作っておくことをおすすめします。

① 問 ♪も〜んめもんめ、花いちもんめ
   答 ♪も〜んめもんめ、花いちもんめ
② 問 ♪ふるさとまとめて花いちもんめ
   答 ♪ふるさとまとめて花いちもんめ
③ 問 ♪となりのおばさんちょっと来ておくれ
   答 ♪鬼がこわくて行かれない
④ 問 ♪お布団かぶってちょっと来ておくれ
   答 ♪お布団破れて行かれない
⑤ 問 ♪お釜かぶってちょっと来ておくれ
   答 ♪お釜底抜け行かれない
⑥ 問 ♪鉄砲かついでちょっと来ておくれ
   答 ♪鉄砲弾（たま）なし行かれない
⑦ 問 ♪それはよかよか どの子が欲しい
   答 ♪あの子が欲しい
⑧ 問 ♪あの子じゃわからん
   答 ♪この子が欲しい
⑨ 問 ♪この子じゃわからん
   答 ♪相談しよう
   問 ♪そうしよう

ここで列ごとに集まって、誰を取りたいか相談します。

⑩ 問 ♪き〜まった
   答 ♪き〜まった
⑪ 問 ♪○○ちゃんが欲しい
   答 ♪××ちゃんが欲しい

ここで○○ちゃんと××ちゃんがじゃんけんをし、負けた子は勝った列に加わります。そして勝った側の列が問いの歌を歌うことになります。

⑫ 問 ♪勝ってうれしい花一匁
   答 ♪負けて悔しい花一匁

ここから③につながり、遊びは続きます。

あぶくたった

6〜20人   幼児〜

オニは小豆の精!?
現在でも比較的知られている遊びです。創作要素の入った、優れたわらべ遊びです。オニを戸棚にしまってから、子どもたちの自由な発想で即興の寸劇を楽しみましょう。

遊びかた

1 まずオニを決めます。オニは中央にしゃがみ、コドモは手をつないで一重の円を作り、オニを取り囲みます。

2 ♪あーぶくたった　にえたった
　　にえたかどうだか　たべてみよ

コドモは歌いながら、反時計回りにオニの周りを回ります。「たべてみよ」のところで手を離して中央のオニの周りに集まり、オニの頭を手まねで食べるふりをします。

♪むしゃむしゃむしゃ　まだにえない

3 2をもう1度繰り返します。

4 2をさらにもう1度繰り返し、3度目に「♪むしゃむしゃむしゃ　もうにえた」と言って、みんなでオニを抱きかかえるようにして円のすぐ外あたり(戸棚)に連れ出します。

5 「♪戸棚にしまって、戸をしめて、鍵かけて、ひもで縛って、買い物に行って……」このあたりから、お料理を作って、晩ご飯を食べて、宿題をして、テレビを見てとアドリブを入れましょう。最後は「♪お風呂に入って、お布団を敷いて、歯を磨いて、電気を消して、もう寝ましょう」となります。

> アドリブをいろいろ工夫するのが面白い！

6 次はオニとコドモの問答です。

オニ	トントントン
コドモ	なんのおと？
オニ	風のおと
コドモ	ああよかった
オニ	トントントン
コドモ	なんのおと？
オニ	お父さんの帰ってきたおと
コドモ	ああよかった
オニ	トントントン
コドモ	なんのおと？
オニ	ねずみのおと
コドモ	ああよかった

こうしてアドリブで何度か繰り返したあと、

オニ	トントントン
コドモ	なんのおと？
オニ	オバケのおと！

ここでコドモたちは一斉に逃げ、オニは追いかけます。捕まった人が次のオニです。

わらべ遊び

今年の牡丹
（ことし の ぼたん）

6〜20人 | 幼児〜

演劇的要素のある鬼ごっこ

【今年の牡丹】は、【あぶくたった】よりも忘れられた、既に失われたと言っても過言ではない遊びです。ただ失われるのがあまりにも惜しい遊びでもあります。

|||||||||||||||| 遊びかた ||||||||||||||||

1 じゃんけんなどでオニを決めます。コドモは手をつなぎ輪になり、オニは少し離れたところにいます。

2 コドモは歌いながら反時計回りにゆっくり回ります。

♪今年の牡丹はよい牡丹〜
　お耳をからげてスッポンポン
　もひとつからげてスッポンポン

「今年の牡丹はよい牡丹〜」のあとで手を離して止まり、「お耳をからげて」と「もひとつからげて」のところで自分の耳を指さし、クルクルと人差し指を回して「からげ」ます。続く「スッポンポン」で手をはらうようにたたきます。

3 2を2回繰り返したところで、オニがやってきて問答をします。

オニ　「入れて」
コドモ「やだ」
オニ　「どうして？」
コドモ「どうしても」
オニ　「山へ連れて行ってあげるから入れて」
コドモ「山坊主がでるからいや」
オニ　「川へ連れて行ってあげるから入れて」
コドモ「川坊主がでるからいや」
オニ　「海へ連れて行ってあげるから入れて」
コドモ「海坊主がでるからいや」
オニ　「そんなら今度ウチの前を通ったとき天秤棒でひっぱたくぞ」
コドモ「じゃあ入れてあげる」

問答が終わったらオニを含めて輪になり、2を2回繰り返します。

4 2回歌い終わったところで手を離して止まると、突然オニが「帰る」と言い出します。

オニ　「わたし（ぼく）帰る」
コドモ「どうして？」
オニ　「晩ごはんだから」
コドモ「おかずはなあに？」
オニ　「蛙となめくじ」
コドモ「生きてるの？死んでるの？」
オニ　「生きてるの」
コドモ「じゃあさようなら」

5 オニは輪から抜け、背を向けてだんだん遠ざかります。そこでコドモは手をたたいてはやします。

コドモ「誰かさんの後ろに蛇がいる」
オニ　「わたし（ぼく）？」
コドモ「違うよ」
オニ　「ああよかった！」

そして、オニはまた背を向けてだんだん遠ざかります。またコドモは手をたたいてはやします。

コドモ「誰かさんの後ろに蛇がいる」
オニ　「わたし（ぼく）？」
コドモ「違うよ」
オニ　「ああよかった！」

6 オニはまた背を向けてだんだん遠ざかります。またまたコドモは手をたたいてはやします。そして3回目の問答のあとで

コドモ「誰かさんの後ろに蛇がいる」
オニ　「わたし（ぼく）？」
コドモ「そう！」

と、ここで鬼ごっこが始まります。鬼ごっこで捕まったコドモが、次のオニになります。

鍵(かぎ)

8〜20人 | 低学年〜

ちょっと変わった伝承遊び

この遊びでは、オニは「鍵」、コドモは「錠」や「糸まり」「鎖」などと呼ばれます。そしてオニが、こんがらがった糸（コドモの輪）を、ほどいていきます。

遊びかた

1 じゃんけんなどで決めた鍵（オニ）は、集団からちょっと離れて後ろを向き、目を隠します。

2 鍵が「も〜い〜かい?」、錠（コドモ）が「ま〜だだよ〜」と掛け合いを繰り返すなかで、錠がこんがらがった糸を作っていきます。
まず、錠は手をつないで輪になります。次に、つないだ手の下をくぐったり、あるいはまたいだりしながら、輪をごちゃごちゃにしていきます。

> 手を離したり、つなぎなおしたりはできません。錠は最後までつないだ手を離してはダメ！

ごちゃごちゃしたこんがらがった糸が完成したら、みんなで「も〜い〜よ〜！」と、鍵を呼びます。

3 鍵はごちゃごちゃに絡まった錠に、「ここをまたげ」「右を向け」「ここをくぐれ」「後ろを向け」などと命令します。錠は、鍵の命令には素直に従わなければなりません。

> 手をつなぎ続けているのはかなりつらいので、あまり無理な形にしないほうがいいよ。無理な命令には無理だと主張してね。

絡まった糸がほぐれて、もとの一重の輪に戻れば鍵の勝ち、解けなくて鍵が降参したら、鍵の負けです。

鍵→

ポイント

昔の子どもと違って今の子は時計を持っていたりしますから、適当に時間制限を設けて時間内に解けなければ鍵の負け、としてもいいでしょう。

わらべ遊び

くつかくし

3〜10人 幼児〜

別名「げたかくし」「ぞうりかくし」

室内でもスリッパなどでできますが、原則は外遊びです。外では明確に範囲を決めましょう。あまり広くしないほうがよく、木立など隠す場所があるほうがより面白いです。

遊びかた

1 オニを決めます。そしてオニが目隠しをしている間に、コドモは片方の靴を脱いで範囲内の好きなところに隠します。

靴が見つかると返してもらえますが、それまでは片足で立っていなければならないので、あまり難しくしすぎないほうがいいでしょう。ちなみに、つかまり立ちや、履いている足に脱いでいる足を載せるのはOKです。

2 コドモ全員が靴を隠したら「もういいよ〜」と言い、オニはコドモの隠した靴を探します。

3 オニが全員の靴を見つけたら終わりです。最初に見つけられたコドモと最後に見つけられたコドモがじゃんけんをして、負けたほうが次のオニになります。

オニがなかなか靴を見つけられないときは、コドモたちはヒントを出します。オニが隠した場所に近づいたら、「火〜がついた、火がついた〜」とはやし、遠ざかったら「火〜が消えた、火が消えた〜」とはやしましょう。

まりつき

昔は1ケ、2ケと進んでいったよ

【まりつき】は自然なリズムに合わせて歌を歌い、仲良く交代しながらみんなで「まり」と戯れる遊びです。同じまりでも、サッカーは「敵陣」に蹴り込むためのもので、趣が全然違います。

1～5人　幼児～

準備するもの

□ まり、またはボール
※直径15～20cmくらいのゴムボールや0号くらいのドッジボールがやりやすい。

遊びかた

1 「あんたがたどこさ」でも何でも、知っているまりつき歌を歌いながら、実際にまりをついてみてください。

2 ♪あんたがたどこさ 肥後さ
　肥後どこさ 熊本さ
　熊本どこさ 船場さ
　船場山には
　タヌキがおってさ
　それを 猟師が
　鉄砲で撃ってさ
　煮てさ 焼いてさ
　食ってさ
　それを 木の葉で
　ちょっとかくせ

「♪あんたがたどこさ、肥後さ、肥後どこさ……」の「さ」のところで、この1ケのワザを繰り返し、最後の「♪ちょっとかくせ」で、スカートの下に受けるのですが、スカートをはいていなければ、後ろ手に取ってフィニッシュです。

ポイント

1ケとは、ついたまりを足の下に通すワザ。まりを少し外側、右利きだったら右少し前でつきながら、右足を内側から外側へ回すようにして、足の下にまりを通します。右足を時計回りに回す動きになります。1ケが終われば2ケ、3ケと進みます。(※詳しくは次ページ)

3 最近の子どもたちは、1ケでつい足を反対に回してしまいがちです。あくまでも、足の外側から内側にまりを押し込む感じでつきます。
スポーツのボール運動に慣れていると、ついたボールに対して足をコントロールして、またごうとしてしまいますが、手と足を協調させてほぼ同時に動かして、まりの最低の高さでこれをまたぎ、ちょっと舞うような感じでつくのです。

コラム[まりつきとボール遊び]

スポーツの普及によってボールはごく身近なものになっていますが、バスケットボールのドリブルと【まりつき】では、リズムも目的も違います。スポーツでは試合や体の都合に合わせてボールをコントロールしますが、【まりつき】では歌のリズムに合わせてまりと対話するのです。
ゴムまりが普及するまでのまりは、「糸まり」でした。現在では糸まりは装飾品と化していますが、昔は海綿などを芯にして糸を巻きつけたもので、板の間で座ってついて遊ぶのに十分な弾力をもっていたと言われています。ゴムまりになって弾みがよくなり、屋外で立ってできるようになりましたが、遊びはかつてのこの伝統に添っているのです。

わらべ遊び

コラム［まりつきの「ケ」］

1ケ、2ケ、3ケ……とだんだんワザが高度になっていくのは、石蹴りやゴム段などにも共通した、いわば「進級システム」です。

これに合わせてまりつき歌も、「♪1リットラ〜、2リットラ〜」とか「♪一匁もんめの伊助さん〜、二匁もんめの仁助さん〜」などのように進んでいく仕様になったものが、多くあります。「あんたがたどこさ」のように単に繰り返すものも多いですが、その場合も歌を繰り返して「ケ」を進めていきます。

では、【まりつき】の場合、それぞれの「ケ」で何をするのかを簡単に解説していきましょう。右利きで説明してありますので、左手でつく場合は「右」と「左」を読み替えてください。

このようにして、理論的には以下のように何ケまででもできます。

まりつき歌　　♪いちリットラー
　　　　　　　　ラットリットセー*
　　　　　　　　シンガラモッキャキャッキャッ*　　キャベツデホイ

　　　　　　　　♪にリットラー
　　　　　　　　ラットリットセー*
　　　　　　　　シンガラモッキャキャッキャッ*　　キャベツデホイ

「いち」「に」のところが「さん」「よん」と進み、「*」のところで、各「ケ」の動作をします。最後の「ホイ」で、手にまりを持ちます。

1ケ　右足を少し上げて、ついたまりを外（右）側から内（左）側へ膝の下をくぐらす。右足は時計回りに半回転する感じです。

2ケ　軽く上げた右足の膝の下に右手をくぐらせ、その手でまりをつく。

第1章

軽く上げた右足のつま先でまりをつく。

4ケ 服の右側の裾を左手でつまみ、体と腕で丸い輪になった中を上から右手をくぐらせてまりをつく。

5ケ 4ケのように腕と服と体で輪を作った中にまりをつき込んで、まりが輪を通るようにする。

6ケ 服の右側の裾を左手でつまみ、体と腕で丸い輪になった中を下から右手をくぐらせてまりをつく。

※服（裾）を1回ひねるような感じになる。

7ケ 両足を開き、そのまたの下を、まりを後ろから前へ通す。

8ケ 両足を開き、そのまたの下を、まりを前から後ろへ通す。

9ケ ついたまりがお尻の下を通るように、まりを両足で右から左へ跳び越す。

10ケ 1ケをしてからまりが再び地面に着く前に、自分でくるっと1回自転してまりをつく（この1自転が0ケにあたる）。

11ケ 1ケを2連続する。

12ケ 1ケ2ケと連続してやる。

＊以下同様に、0〜9ケを組み合わせていく。

わらべ遊び

ながなわとび

大人数で楽しむなわとび

なわとびには、1～2人で遊ぶ【たん(短)なわとび】と、3人以上の【なが(長)なわとび】があります。【たんなわとび】も綾跳びや二重跳びなどの【ワザ】が楽しいのですが、ここでは【ながなわとび】を紹介します。

3～20人 低学年～

|||||||||||||||| **準備するもの** ||||||||||||||||

☐ ながなわ　1本

|||||||||||||||| **遊びかた** ||||||||||||||||

1 縄を持つ「お持ち」2人と、縄を跳ぶコドモに分かれます。失敗して縄に引っかかってしまったコドモが、次のお持ちになります。
ここでは、わらべうたで遊ぶものを3つ紹介します。

2 「ゆうびんやさん」

♪ゆうびんやさん
　落とし物
　ひろってあげましょ
　いちまい、にまい、さんまい
　……ありがとう

「ゆうびんやさん」で回っている長縄に入り、「いちまい、にまい……」のところで、物を拾うようにしゃがんで跳び、「ありがとう」で外へ出ます。しゃがみ跳びは結構つらいですよ。

3 「くまさん」

♪くまさん　くまさん　おはいんなさい
　くまさん　くまさん　片手をあげて
　くまさん　くまさん　後ろを向いて
　くまさん　くまさん　片足あげて
　くまさん　くまさん　ごくろうさん

最初の「くまさん　くまさん」で縄の中に入って跳び、「片手をあげて」と言われたら片手を挙げながら跳び、「後ろを向いて」で跳びながら反対を向き、「片足あげて」で片足で跳び、「ごくろうさん」で外へ出ます。
慣れてきたら、その場で創作していろいろな動作をさせても面白いですよ。

4 「一羽の烏」

♪いちわのからすがカーカー
　にわのにわとりコケコッコ
　さんはさかながおよいでる
　しはしらがのおじいさん
　ごはごほうびあげましょう
　それいちぬけた、それにぬけた
　……

「いちわの」で1人目が入り、その子が跳んだまま「にわの」で2人目が入り、「さんは」で3人目と続き、5人目が入ったところで、最初に入った子から順に抜けていきます。
これは本来10番まであり、しかも各地方・時代でいろいろな歌詞が伝えられています。低学年では10人そろって跳ぶのはかなり難しいので、5番ぐらいまでを繰り返すのがちょうどよいでしょう。

第2章
外遊び

家の外に出て、
野原や公園などで遊ぶ「外遊び」。
遊んでいるうちに運動能力も付いてくる、
子どもにとっては大切な時間です。

34	竜巻	52	色鬼
35	猿の谷渡り	53	缶蹴り
36	長馬	54	8の字
37	いちにのさん	55	天下取り
38	どこいき	56	フライ取り
39	一週間	57	はさみっこ
40	天国と地獄	58	五当て
42	ぞうきん	59	天下町人
44	増やし鬼	60	会戦
45	車輪鬼	61	タッチ陣取り
46	ぐるぐる鬼	62	じゃんけん陣取り
47	台鬼	63	Sケン
48	朝礼台鬼	64	8ケン
49	ブランコ鬼	65	ぐるぐるケン
50	凍り鬼	66	水雷艦長
51	しっぽとり鬼	68	ボーダーボール

竜巻（たつまき）

ぐるぐる回るだけでスリル満点!

【竜巻】とは、下枝のない高い木の幹にロープ（縄）を巻きつけて、巻いたロープの戻る勢いで木の周りをぐるぐる回って遊ぶ、ワイルドな遊びです。

1～10人　低学年～　キケン

準備するもの

- 長いロープ（または縄）　1本

遊びかた

1 下枝のない高い木を見つけ、ロープの端と端を結んで輪にし、高い枝にひっかけます。

2 垂れ下がったロープをぐるぐるとネジのように木に巻きつけます。

3 ロープの下の輪に片方の足を乗せ、ロープの上のほうを手でしっかり持ちます。

4 もう片方の足で地面を蹴り、ロープに体を預けます。

ロープを巻き上げるとき、木とロープの間に挟まれないように注意しましょう。

コラム［危険な遊びほど面白い］

私が小学校へ入学したときは、校庭の隅に遊具として【竜巻】があったのに、2年生へ上がる前には撤去されていました。また、近所の児童公園にも回転遊具としてあったのに、いつの間にかなくなっていました。【竜巻】はただぐるぐる回って遊ぶだけですが、とても面白く、夢中でやったものです。空中への浮遊感やスピード感、回転のスリルなどが実に快感でした。手はマメだらけになりましたが、スリルがたっぷり味わえたうえに、腕が鍛えられました。でもそれだけにケガも多く、学校では禁止されました。遊具がなくなっていったのも、そうした理由なのでしょう。

猿の谷渡り
さる たにわた

みんなで手作りアスレチック

木立の間やうんていに、ロープを何本も使ってコースを作り、伝って移り渡る遊びです。ロープの結び方にルールはなく、途中でコースを作り替えたりもできる創造的な遊びです。

1〜20人 | 低学年〜 | キケン

|||||||||||||| 準備するもの ||||||||||||||

☐ 長いロープ（または縄）　たくさん

|||||||||||||| 遊びかた ||||||||||||||

1 木立の間、またはうんていに、ロープで好きなようにコースを作ります。

2 コースが完成したら、ロープを伝って移り渡ります。
途中で落ちたり地面に手足がついたら失敗です。うんていで遊ぶ場合は、金属に手が触れたりせずに反対側にたどり着いたら成功！です。

☐ 渡るときは、1度に何人もロープに乗らないようにしましょう。
☐ ロープが絡まったり、首にロープがひっかからないように注意しましょう。
☐ ロープが緩んだら結び直しましょう。

外遊び

長馬（ながうま）

骨がきしみ、肉がねじれる激しい肉弾戦！

【長馬】は、「馬乗り」「馬跳び」「馬っ跳び」などとも呼ばれる伝統的な遊びです。小学校高学年以上の遊びですが、学校では禁止されました。

4〜12人　高学年〜　キケン

遊びかた

1. 2つのチームに分かれ、代表どうしがじゃんけんをして、跳ぶチームと馬のチームを決めます。

2. 馬のチームは相談して、1人の「親馬」を決め、残りの人は相談した通りの順で並びます。親馬は木立や塀などを背に、まっすぐ立ちます。

3. 先頭は親馬の両ももの間に頭を突っ込み、背を丸めて立ちます。以下順番に同じ格好で、前の人の両ももの間に頭を突っ込んでいきます。

4. 長馬を作っている間、跳ぶチームも順番を決めておきます。

5. 長馬ができたら、その最後の人のお尻より50〜80cmぐらい後ろの地面に、線を1本引いておきます。そうしてさらにその後ろ数mのところに、2本目の線を引いておきます。

6. 跳ぶチームの人たちは2本目の線のさらに後ろに、順番通り1列に並びます。

7. 1人ずつ長馬めがけて走っていき、1本目の線からジャンプして長馬へ跳び乗ります。

8. 跳び乗ったら、そのまま長馬の上で前へ前へと体を運びます。

9. 跳ぶチームが次々にジャンプして全員が跳び乗ったら、落ちないで残っている人のうち先頭の人が親馬とじゃんけんをします。負けたほうが次の長馬になります。

> 地面に足がついたり長馬から落ちたりしたらその人はアウトで、長馬から下りて待ちます。

ポイント

親馬がじゃんけんに負けたり、途中で長馬が崩れてしまったりしたら、また長馬側をやらなければなりません。親馬がじゃんけんに勝ったり、跳び乗った人が全員落ちたりしたら、攻守交代です。親馬が続けて負けると馬側がかなりつらいので、一発勝負にして、あいこは馬側の勝ちとすることもあります。

いちにのさん

3〜7人 幼児〜

階段を使った楽しい遊び

階段を使った3〜7人ぐらいまでの遊びです。一番面白いのは4、5人。階段の段数は、一番下（地面）を0段とすれば、その上にあと3段がいります。結構いい運動になります。

遊びかた

1 まずはじゃんけんでオニを1人決めます。残りはコドモです。オニは0段（一番下。地面、踊り場など）に立ちます。コドモは全員3段目に横並びに立ちます。

> オニが下、コドモが上だよ。

2 全員で声をそろえて、大きく「いち、にの、さん」と言います。この「さん」のときに全員同時にジャンプして、好きな段に移動します。後出しは厳禁です。

> オニだったら0段目から2段目へ、コドモだったら3段目から1段目とか、3段目から0段目とか、お好みで！
>
> オニもコドモも、0段目から0段目とか、3段目から3段目などのように、今いる同じ段に着地するのでもOK。
>
> 1段目と2段目の両方に足をかける、などは反則。必ずどこかの段に両足で着地しましょう。

3 オニと同じ段に着地したら、そのコドモが次のオニです。

誰もオニと同じ段にならなければ、その位置から誰かがオニと同じ段になるまで、「いち、にの、さん」、「いち、にの、さん」、「いち、にの、さん」……とジャンプを繰り返します。

> 2人以上のコドモがオニと同じ段にきたら、コドモどうしでじゃんけんをして、負けた人がオニになるよ。

4 オニが交代したら、新しいオニは0段目に行き、コドモは（前回のオニも含めて）3段目に横並びに並んで、**1〜3**を繰り返します。

外遊び

どこいき

「いろいろ」や「遠足」とも呼ばれる遊び

昔は近所の路地に、図を描いて遊びました。今は交通事故が怖いので道路ではできませんが、校庭や公園で工夫して遊んでみてください。

3〜15人 低学年〜

準備するもの

- 自分の石 人数分
  （大きめで色や形に特徴のあるものがよい）
- ろう石など線を描くもの

遊びかた

1 地面に円グラフのような図を描きます。図の手前には人数分の線を下のように描きます。

↕ 円の直径の3倍ぐらい離す

> みんなで相談して、図の中の目的地を決めよう。

※中央の「休」はどこへも行かず、石を拾ってスタートラインに戻るだけです。
入りにくいように小さめに描きましょう。

2 じゃんけんで順番を決め、1人1人「自分の石」を持って、同じ線から投げ入れます。入った石のところが「目的地」になります。

石が円の中に入らなかったら？

次の2つの方法のどちらかを決めておきます。

①円の中心に向かって直近のエリアに石を移動する。

②順番を最後にして投げ直す。この場合3回投げても入らなければ、強制的に最も遠いエリアにされる。

3 全員の石が入ったら、それぞれの目的地を確認し合います。

4 確認し合ったらスタートラインを決め「ヨーイドン！」で走り出し、自分の目的地にタッチして円内の自分の石を拾って、帰ってきた順に線に並びます。

> 他の人の石には触らないでね。

5 順位を確認したら1回戦目は終わりです。2回戦目は、帰ってきた順位の線から石を投げて始まります。

ポイント

1番に戻ってきた人がその後審判をして、あとの人の順位を判定します。

一週間
いっしゅうかん

とても優れた石蹴り遊び

石蹴りには、投げ入れる・運ぶ・蹴り出す・蹴り進むなどのワザがありますが、【一週間】は最も高度な蹴り進む類に属します。

2〜10人　低学年〜

|||||||||||||||| **準備するもの** ||||||||||||||||

☐ 自分の石　人数分
☐ ろう石など線を描くもの

|||||||||||||||||| **遊びかた** ||||||||||||||||||

1 地面に下のような図を描きます。（ ）内の文字は説明用で、実際には描きません。

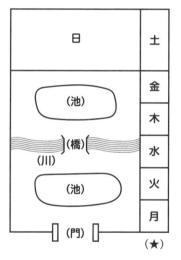

2 ★のところに立って、自分の石を月曜日のマスに入れます。

3 月曜日に石が入ったら、両足で月曜日に入り、自分の石を拾って日曜日に投げ入れます。ちゃんと入ったら、ケンケンで、火水木金土日と進み、日曜日からは片足で石を蹴りながら進んで、門から石を出します。
※途中、石や足が池や川に入ったり通過したりしたらアウトです。

4 これで月曜日はクリアです。次の自分の番に、今度は火曜日に石を入れ、同様にします。以下、クリアするごとに水、木、金……と挑戦します。

5 こうして直接日曜日に石を投げ入れるまで進み、その石を蹴り進んで門から蹴り出せば上がりです。

すべてケンケンで石を蹴り進めなければならないので、足が痛くなりますが、遊んでいるうちに足が強くなりますよ。

途中でアウトになったら？

途中でアウトになっても成功しても、次の人の番になります。成功した場合は、次の自分の番に火曜日（次の曜日）から始めることになります。火曜日のマスに石を投げ入れ、月曜日をケンケンで通って火曜日に両足で入り、石を拾い、そこから日曜日に石を投げ入れます。あとは月曜日のときと同じです。アウトになった場合は、また月曜日（同じ曜日）です。

外遊び

39

天国と地獄

懐かしい石蹴り遊びに挑戦!

石蹴り遊びにはさまざまなものがありますが、これはその初級編。低学年の子どもにも簡単にできる楽しい伝統遊びです。うんと小さい子は石を使わずケンケンパッの練習から始めるとよいでしょう。

2～10人　低学年～

|||||||||||||| **準備するもの** ||||||||||||||

- 自分の石　人数分
- ろう石など線を描くもの

|||||||||||||| **遊びかた** ||||||||||||||

1 まず、ろう石などで地面に右のような枠を描きます。

2 自分の石を決めます(直径3～5cmぐらいの石が蹴りやすく、投げやすいでしょう)。

3 順番を決め、最初の子が「地上」の枠に立ち、自分の石を1ケに投げ入れます。

4 1ケに入ったら、「ケンケン(片足)パッ(両足)、ケンケンパッ」と「天国」まで進みます。

5 天国でパッと跳んで後ろを向き、また「ケンケンパッ、ケンケンパッ」と戻ります。

6 1ケに片足で入り、自分の石を拾います(ここが難しい)。拾って「地上」に跳び移ったら合格。次の人の番になります。

7 再び自分の番がきたら、今度は2ケに石を投げ入れます。以下同様に3ケ、4ケ……と進んで天国まで進み、合格したら1面クリア。次の人の番になります。このようにして、2面、3面……と10面まで続きます。

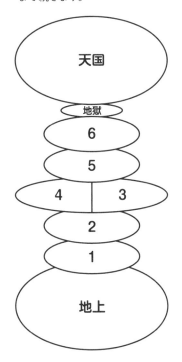

※地獄には入れません。石が入ってもいけません

1面　帰りに石を拾う

2面　行きに石を拾う

3面　帰りに石を拾って「地上」に投げる

4面　行きに石を拾って「地上」に投げる

5面　帰りに石を外へ蹴り出す

6面　行きに石を外へ蹴り出す

7面　帰りに石を蹴って「地上」に入れる

8面　行きに石を蹴って「天国」に入れる（拾って帰る）

9面　帰りに石を6→5→4（か3）→2→1「地上」と蹴り進める（入れたところから地上へと蹴り進めるのです）

10面　行きに石を1→2→3（か4）→5→6→「天国」と蹴り進める（拾って帰る）（入れたところから天国へと蹴り進めます。6ケは易しく、逆に1ケが難しいです）

■失敗になるのは……
□投げた石が入らない
□石が線上に乗ってしまう
□線を踏む
□枠をとばして進んでしまう
□ケンケンのところで両足をつく
□石を拾うとき以外に地面に手をつく
　など

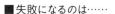

「地獄」に足が入ったらただの失敗。投げた石が「地獄」に入った場合は、なんとその面の1まで戻ることになるので要注意です。

コラム［微妙な調整力が必要］

石蹴りの伝統が切れてしまったせいか、今の子どもたち（親たちも）は、石の蹴り方を知りません。ところがサッカーはよく知っているので、例えば右足でケンケンしていたら、石を左足で蹴ろうとします。石蹴りの蹴り方はそうではなく、右足でケンケンしていたら、その右足で石を蹴り進むのです。サッカーのキックではありません。サッカーのボールは蹴り飛ばすのですが、石蹴りの石は蹴り進めるのです。力強さではなく、微妙な調整力が必要になるわけです。うまくできない子は、ゲームを離れてちょっと練習するとすぐできるようになりますよ。

外遊び

ぞうきん

石蹴り遊びの中で最も高度で面白い

石蹴りのチーム戦です。みんなが失敗しても、1人でもうまくできればみんなが生き返る、この助け合いが面白いのです。

2～10人　低学年～

準備するもの

- 自分のチームの石を1つずつ
- ろう石など線を描くもの

遊びかた

8人での遊びかたを説明します。

1 地面に下のような図を描きます。

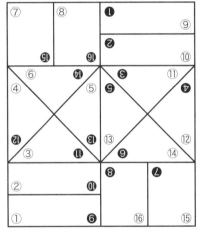
↑Aチーム

2 チームをAとBの2組に分け、じゃんけんなどで先攻を決めます。

3 それぞれ自分のチームの石を1つずつ拾ってきます。

> 投げやすく、拾いやすく、蹴りやすい石を選ぶといいよ。どんな石がいいかな？

4 Aチームは、例えば一郎、二郎、三郎、四郎とします。一郎は自分たちの石を1ケ（図①）に入れます。

※一番上手な子を先頭に、次に上手な子を最後に、小さい子を間にはさむようにするといいでしょう。

5 うまく入ったら一郎から決めた順に図の中に入ります（ケンは片足、グーは両足で入る）。
グー（①）→ケン（②）→ケン（③）→パッ（④・⑤）→ケン（⑥）→ケン（⑦）→ケン（⑧）→ケン（⑨）→ケン（⑩）→ケン（⑪）→パッ（⑫・⑬）→ケン（⑭）→パッ（⑮・⑯）と進み、⑮・⑯のところで待っています。

> このとき⑮・⑯の奥のほうに跳ぶようにしましょう。そうしないと二郎以下の子たちが入れなくなってしまいます。

うまく入れられなかったら？

一郎がうまく入れられなかったら、順に二郎、三郎とトライし、全員入らなければ、石を目的のケ（枠内の蹴りよいところ）に置いて交代です。

6 全員が⑮・⑯のところに入ったら（ただし途中で線を踏んだり、間違えたりした子は抜けます）、四郎からその場で半回転ジャンプし、今度は→⑭→⑫・⑬→⑪→⑩→⑨→⑧→⑦→⑥→⑤・④→③→②→①と跳んでいき、①のと

ころで石を蹴り出します。

7 4人のうち1人でも成功したら、2ケに進みます。この場合、今までアウトになっていた子も全員復活し、一郎が今度は2ケ（②）に石を入れ、ケン（①）→グー（②）→ケン（③）→パッ（④・⑤）のように進みます。

8 もし4人ともアウトになったら、自分たちの石を（もし1ケでアウトなら）1ケの蹴りやすいところへ置いて今度はBチームの番になります。
1ケで失敗したら2ケには進めませんが、1ケに石を投げ入れるのは免除なのです。

9 Bチームは自分たちの1ケ、つまりAチームの9ケに石を投げ入れ、グー（❶）→ケン（❷）→ケン（❸）→パッ（❹・❺）→ケン（❻）→ケン（❼）→ケン（❽）→ケン（❾）→ケン（❿）→ケン（⓫）→パッ（⓬・⓭）→ケン（⓮）→パッ（⓯・⓰）と進みます。

※味方の1ケは敵にとっては9ケになります。

※[重要]ここで大事なルールは「自分たちの石のあるところには両足で入り（グー）、敵の石のあるところには入らない」ということです。

10 このようにして互いに自分たちの1ケ→2ケ→3ケと石を進め、先に16ケをクリアしたチームの勝ちとなります。

外遊び

バリエーション

【温泉】は、石蹴りの上級ルールです。例えば【ぞうきん】ですと、16ケを上がったら、普通は勝ちで終わりです。でも時間がたっぷりあったり、長く楽しみたいときは、はじめに「3つ目の温泉ができたらホントの勝ちね」などと言い交わしておきます。
16ケを上がって1ケから外へ出たら、そのままケンケンで【ぞうきん】の図面の周りを1周して1ケの線の前に後ろ向きに立ち、肩越しに石を投げ入れ、入ったところが温泉になります。温泉には♨のマークを書き入れます。それ以降、ここは自分たちのチームの安全地帯になります。自分たちはここで両足をついても、歩いてもいいのです。でも敵は（石を入れたとき以外は）入れません。
温泉ができたら、また1ケから始めて、2つ目の温泉を作れるように頑張ります。

増やし鬼

みんなが楽しめる鬼ごっこ

【増やし鬼】は、人数が多くても全員が楽しめるよい遊びです。ただし赤白帽やハチマキなどがないとやりにくいでしょう。

5〜100人　低学年〜

|||||||||||| 準備するもの ||||||||||||

☐ 赤白帽またはハチマキ　人数分

|||||||||||| 遊びかた ||||||||||||

1 オニを決めます。オニになった子は赤い帽子(あるいはハチマキの赤)を着けます。
コドモは白い帽子(あるいはハチマキの白)を着けます。

> はじめのオニは足の速めの子がいいかもしれません。最初の1人がなかなか捕まらないようなら、はじめからオニを2人にしてもいいでしょう。

2 範囲を決め、オニが10数えるうちにコドモは自由に逃げます。

3 オニに捕まったら帽子(ハチマキ)を赤に替え、オニになります。捕まえたオニのほうもオニのままです。

4 オニがどんどん増えて、全員が捕まったら(赤になったら)1回戦の終了です。

5 今度はコドモは赤のまま始めます。最後に捕まったコドモを最初のオニにします。オニは白、コドモは赤です。全員白になったら、2回戦の終了です。

車輪鬼
しゃりんおに

車輪の絵の上で行う鬼ごっこ

大きな車輪の線を踏みながら、鬼ごっこをします。線を踏み外したり、飛び越えたりしてはいけません。範囲が限定されるので、ひと味違った鬼ごっこが楽しめるでしょう。

4〜8人　幼児〜

|||||||||||||||||||| **遊びかた** ||||||||||||||||||||

1 地面に8本の輻(スポーク)のある車輪を描きます。オニもコドモも、この線の上だけを通ります。

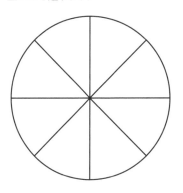

2 オニは車輪のハブ(中心)のところに立って、10数えます。コドモは自由に逃げられますが、車輪の線を常に踏んでいるようにします。オニも同じです。

3 捕まったコドモはオニになり、車輪のハブのところに立って10数えます。今までのオニはコドモになって、遊びを続けます。

必ず線を踏むというのがポイントです。線を踏まずに動くとアウトとなり、オニになってしまいます。線から線をジャンプしてもいけません。これをありにすると、また違った遊びになりますので、はじめにルールを確認しておきましょう。

※線から線へ跳んでもよいというルールを、「八艘(はっそう)飛び」といいます。

外遊び

ぐるぐる鬼

ぐるぐる回って捕まえます

同じ線をコドモはまたげるのに、オニはまたげないというハンデが面白い！
私は生徒から教わりました。

5〜10人　低学年〜

遊びかた

1 地面に直径50cmぐらいの円を描いて、そこから外に向かって幅50cmぐらいの通路を渦巻き状に4、5周描きます。渦巻きの周りを、少し大きな円で囲みます。

ルールは3つ！
① オニもコドモも外の円から出てはいけない！
② オニもコドモも線を踏んではいけない！
③ 渦巻きの線を、オニはまたいではいけない！ コドモはまたいでもよい！

ポイント
オニはフェイントをかけて急に戻ったり止まったり、手をうんと伸ばしたり……。コドモはオニのすきを見て、円内を横断して逃げるのです。

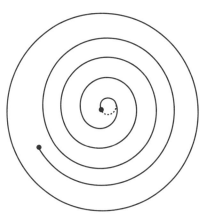

渦巻きの最後は閉じないでね。

2 オニを決め、オニは中央の小さな円の真ん中に立ちます。
　コドモは外側の円の内側に立ちます。

3 オニが10数えたら始まります。

4 オニにタッチされたコドモはオニと交代し、渦巻きの真ん中で10数えます。

台鬼(だいおに)

世界中の遊び場の数だけ種類がある

何かそこにある物を利用して鬼ごっこをやれば、すべて【台鬼】です。「ジャングルジム鬼」「すべり台鬼」「タイヤ鬼」「うんてい鬼」なども【台鬼】です。物に合わせてルールも変化させ、楽しく遊びましょう。

3～15人 | 低学年～

遊びかた

1 物を選びます。ここではジャングルジムにしてみます。

2 地面にジャングルジムを1周する線を引きます。この線はジャングルジムに近すぎず、遠すぎもしないように引きます。

> みんなで1列に並んで片足で地面に線を引きながら歩けば、これも楽しい遊びです。

3 1周したら、戻った位置に人が1人立っていられる程の小さな円を1つ描きます。

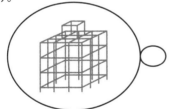

4 オニを決め、オニは小さい円に入って、20数えます。その間にコドモは逃げますが、大きな円の外へは行けません。ジャングルジムは円の中にあるので登るのはOKです(オニも登れます)。

5 オニにタッチされたコドモは新しいオニになります。新しいオニは小さな円まで行って、そこで20を数えます。今までオニだった子はもうコドモなので、その間に逃げます。

ポイント

このルールのポイントは、捕まってもすぐには捕まえ返すことができず、いったんは小さな円まで行って数を数えなければならないという点です。これによって、オニとコドモにあらかじめ距離を置くことができます。

コラム[オニとコドモ]

鬼ごっこの「オニ」は誰でもわかりますが、逃げるほうは何と呼んだらよいでしょう。これは案外、遊びの本などにもはっきり書かれていないのです。それで、この本ではそれを「コドモ」に統一しました。

平安期の鬼は、子どもを追い回して取って食ったという話が伝わっています。江戸時代の「子とろ鬼」のオニは、「子取ろ、子取ろ」と、親の後ろに隠れるコドモを捕まえようとします。秋田のなまはげは、鬼の姿で、「悪い子はいないか」と探し回ります。半沢敏郎氏は、『童遊文化史』(東京書籍)で、「鬼」に対して「子」と書いています。それで、追う役割を表す「オニ」に対して、逃げる役割を表す用語として「コドモ」がふさわしいと考えたのです。あくまでも遊びにかかわる術語で、本当の子どもとは限りません。

外遊び

朝礼台鬼
ちょうれいだいおに

【台鬼】の仲間です!
どこの学校にもある朝礼台を使った遊びです。ただし落っこちないように。
「朝礼台で遊ぶのは禁止」なら、あきらめてね。

2～5人　高学年～　⚠キケン

遊びかた

1 オニを決め、コドモたちは朝礼台の上に乗り、オニは朝礼台の下で10数えます。

2 オニは手を伸ばしてコドモにタッチします。このとき、オニは足を地面から離してはいけません。

3 オニはぐるぐる回って追いかけ、コドモたちは朝礼台の上をあちらこちらに逃げます。
※朝礼台から落ちないように注意しましょう!

4 オニにタッチされたり、朝礼台から下りてしまったらオニと交代します。

ポイント
オニが背の低い子だったら、「片足は地面から離してもいい」「一瞬なら両足とも離していい」などとルールを変えてみてください。

第2章

コラム[オミソ]

「オミソ」とか「オマメ」、あるいは「ミソッカス」などと呼ばれるのは、遊びの見習い人です。小さな子は、年かさの子に交ざってルールを軽減されて遊びます。幼い子も、そうして交じって遊んでいく中で、ルールを実地に学び力をつけて、いつしかオミソを卒業します。そのような子は、次のオミソを快く育ててくれるでしょう。こうして「遊び」は異年齢を包容するのです。
スポーツではこうはいきません。ゲームやスポーツで楽しめる相手は、実力の近い者に限られます。なぜスポーツが年齢階層制の学校になじむのかがわかりますね。遊びはスポーツではありません。スポーツを超えるものなのです。

ブランコ鬼

ブランコを使ったとても面白い遊び

2連以上のブランコを使って遊びます。ブランコの座席の下に描いた池（円）の大きさがとても大切なので、実際にいろいろ試してみてください。

3〜5人 低学年〜

遊びかた

1 ブランコの座席の下に、横に細長い円を描きます。これを「池」と呼びます。池の中にはオニもコドモも入れません。

2 オニを決めます。コドモはブランコの下の池に足がつかないようにブランコをこぎ、止まるときは池の外に足をつきます。このときお尻が離れてもいいのですが、ブランコの鎖から手を離してはいけません。

3 オニは池の周りを回りながら、コドモにタッチします。オニは池をまたいだり、飛び越えたりすることはできません。タッチされたコドモが、今度はオニになります。

ポイント

ぐるぐる回っているだけだと、オニはずっとオニのままになってしまいそうですが、反対側に回るぞ！ と見せかけてフェイントをかけ待っていれば、ブランコをこいでしまったコドモは途中で止まることができないので、簡単にタッチすることができます。

外遊び

コラム［物の性質を使って］

ブランコは空中で静止できないという特性をもっています。それをうまく利用した遊びが【ブランコ鬼】です。このように、身の回りの物の性質をうまく使って遊ぶことが、遊びの創造性だと思います。すべり台にはすべり台の、立木には立木の物性があります。それをうまく利用したり、引き出したりできるとよいのです。ですから、その場その場、その物その物によって、それぞれ違う個々の遊びがあるとも言えます。

この本で述べているのも、遊びかたの一例です。ですからこれもヒントの1つにして、独創的に遊んでほしいのです。

凍り鬼

助けることのできる鬼ごっこ

10人〜　低学年〜

いろいろある【凍り鬼】ですが、これはトロプス（勝ち負けのないスポーツ）の1つです。外遊びではなく、体育館で遊ぶように工夫されていますが、範囲さえ決めれば公園の芝生や原っぱなどでもできます。

遊びかた

1 参加者のうち4分の1から3分の1ぐらいをオニとします。例えば40人いたら10〜13人ぐらいがオニで、低学年ほど人数を多めにしたほうがいいでしょう。オニは赤い体育帽などをかぶるなどして、誰からもわかるようにします。

2 オニは集まって、一斉に10を数えます。その間にコドモたちは逃げます。10数えたらオニはコドモを追いかけます。

3 オニにタッチされたコドモは、その瞬間の姿勢で固まります。つまり「凍る」わけです。ただし、どんな姿勢で捕まっても、足だけは大きく広げて立ちます。そしてまだ捕まっていないコドモが、この開いた足の間をくぐり抜ければ「融け」ます。融かされたら自由に走って逃げたり、他の凍ったコドモを融かしたりできます。

4 全員を凍らせたらオニの勝ちです。そうでない場合は、くたびれるまで遊びます。

ポイント

この遊びはオニが固定なので、適当な時間で交代するようにします。より公平にやるなら、例えばA、B、C、Dの4チームに分け、時間を区切ってA→B→C→Dと交代でオニをやるといいでしょう。時間になった瞬間に凍らされているコドモの人数を記録しておけば、順位がついてゲームにもなります。時間は5分から長くても10分です。全員が走り回るので、かなりの運動になります。

個人的に何人融かしたかを数えておき、最後に発表して、一番多く助けた人に拍手をするのもいいでしょう。

※オニは他のコドモを融かしている最中のコドモを、凍らせることはできません。くぐりきってから捕まえましょう。

※凍ったときのポーズと融かす動作を決めておけば、屋外でもできます。【バナナ鬼】と呼ばれます。

しっぽとり鬼

みんながオニになって楽しむ遊び

みんながオニでありコドモでもあります。油断していると、後ろからそっと近づいてきた子に、さっと取られますよ。

5～15人 **低学年～**

|||||||||||||||| 準備するもの ||||||||||||||||

☐ ハチマキ 人数分（あれば人数の2倍ほど）

|||||||||||||||| 遊びかた ||||||||||||||||

1 自分のズボンやスカートの後ろの上のほうにハチマキを挟み、しっぽとします。結んではいけません。

しっぽの長さをみんなで決めておこう。

2 「用意、始め！」でお互いがお互いを追いかけ、しっぽを取り合います。

3 しっぽを取られた人はそこにしゃがみます。
ただし、そのときに取ったしっぽを持っていたら、自分につけて続けることができます。

4 およそ3割の人（あらかじめ何人かを決めておいたほうがよい）がしゃがんだら終わりで、そのとき一番しっぽを持っている人の勝ちです。

ポイント

おとなのしっぽは長く、逆に小さい子のしっぽは短くしたり、また、一度だけならしっぽをもらってもいいというルールを作れば、年齢に幅があっても楽しく遊ぶことができます。

バリエーション

ハチマキがたくさんあれば、安全地帯を設け、安全地帯に残ったハチマキを置いておきます。
しっぽを取られた子はここへきてしっぽをつけ、また出陣することができます。しっぽのある子は安全地帯に入れませんし、安全地帯でしっぽの取り合いはできません。
この場合は、誰かが10本集めたら終わりとか、終了時間を決めておきます。

外遊び

色鬼（いろおに）

4〜20人 | 低学年〜

オニの指定した色に触っていれば安全!

【色鬼】はよく知られているように、オニの指定した色に触っていれば安全な鬼ごっこです。友達の衣服はいいけれど、自分の衣服はダメ、などと制限をつけておいたほうがいいでしょう。

遊びかた

1 オニを決めます。

2 オニは例えば「赤！」と何色でもいいので色を指定し、「1、2、3、4、5、6、7、8、9、10！」と数え、みんなを追いかけます。

3 オニ以外のコドモたちは、オニに色を指定された色に触れます。触れている間はオニに捕まりません。

4 オニは、みんなが（この例でいうと）赤いものに触ってしまったら色を変え、もう一度数を数えます。
数を数えている間は、追いかけることも捕まえることもできません。
捕まったら、オニを交代します。

ポイント

【色鬼】は面白い遊びですが、ルールが誤解されています。まあ、遊びなのでどれが正しいルールということもないのですが、私が子どもの頃やっていたルールと、教員になってから見た子どもたちが校庭でやっているルールとは違っていました。遊び始める前にルールの確認をしてから遊び始めるといいでしょう。

コラム［昔の色鬼］

昔の【色鬼】といっても何も難しいことはありません。
ただ、「色の名を言ってから数を数える」というだけのことです。鬼ごっこでは、オニになると数を数えるのが普通なので、つい【色鬼】でもそうしてしまいます。すると、10数えてから色を言ってすぐ追いかけるということになります。これではうまく逃げられません。そうではなく、色を言ってから10数えれば、コドモたちはその間に逃げられます。捕まえられなかったら、オニはまた違う色を言えばいいのです。ただしそのあとで10数えてね。

缶蹴り（かんけり）

オニのいるかくれんぼ

【水雷艦長】【Sケン】【長馬】【五当て】と並んで、【缶蹴り】は5大外遊びだと私は思います。全員が全員の名前をよく知っている必要があります。

5〜10人　低学年〜

|||||||||||||||| **準備するもの** ||||||||||||||||

☐ 空き缶（カニ缶などの平たい缶）　1つ

|||||||||||||||| **遊びかた** ||||||||||||||||

1 缶を空き地などの真ん中に置き、その周りに小さい円を描きます。
じゃんけんでオニを決めます。
2度目からは前回最初に捕まった人がオニになります（じゃんけんでもよい）。

2 また、じゃんけんなどで缶を蹴る人を決めます。これも2度目からは、必ず前回のオニが蹴ります。

3 オニが缶を蹴ったら、コドモたちは一斉に逃げます。オニは素早く缶を拾って、円の中央に戻します。

4 オニが缶を戻す間にコドモは隠れ、オニは缶を戻したらコドモを探します。

5 オニはコドモを見つけたら名前を呼び、素早く缶のところに戻って缶を踏みます。見つかったコドモは、オニが缶を踏む前に缶を蹴ってしまえば捕まったことになりません。

6 捕まったコドモ（捕虜）は缶からそう遠くなく、また間近でもないところに待機します。全員捕まったら最初に捕まったコドモが新たなオニで、前回のオニが缶を蹴るところから始めます。

※捕虜はオニの目の届くところでオニを邪魔しないように待機しますが、まだ捕まっていないコドモに声で情報を伝えてもかまいません。まだ見つかっていないコドモが、オニに見つかって缶を踏まれる前に缶を蹴ってしまえば、捕虜は全員逃げ出せるのです。そうなったらオニはまたはじめから全員を捕まえなければなりません。

ポイント

大事なルールは「二度蹴りの禁止」です。誰かが缶を蹴ったら、その転がっている缶はもう誰も蹴ってはいけません。他人の蹴った缶を戻される前に蹴るのは禁止なのです。

普通のかくれんぼとの違いは、名前を呼ばれただけでは捕まったことにならず、呼ばれたうえでオニに缶を踏まれたら、はじめて捕まります。

※次のオニは、最初に捕まったコドモと最後に捕まったコドモがじゃんけんをして負けた方というルールもあります。

外遊び

8の字
はち じ

足が動いたら負けのロープの引っ張り合い

ロープを引っ張ったりゆるめたりして相手を動かせば勝ち。タイミングをうまくとれば、力が弱くても勝つことがあるのが面白い。

2〜10人　低学年〜

‖‖‖‖‖‖‖‖‖‖‖ 準備するもの ‖‖‖‖‖‖‖‖‖‖‖

☐ ロープ（縄）1本

‖‖‖‖‖‖‖‖‖‖‖‖ 遊びかた ‖‖‖‖‖‖‖‖‖‖‖‖

1 5〜6mあるロープを1本用意します。4〜5m離れて2人の対戦者が向かい合って立ちます。両足を肩幅より少し広い程度に横に広げ、しっかり立ったら互いにロープの端を片手でがっちり持ちます。少し手に巻きつけてもかまいません。ロープは2人の間にだらりと垂れるはずです。ピンと張ってしまうようなら2人は少し近づき、あまりたるむようなら少し離れて、ちょうどいい具合に調整します。

2 挑戦者（最初はじゃんけんで負けたほう）が、ロープを片手でくるっと回して地面の上に輪を作ります。うまくできてもできなくても次は相手の番で、相手も同様にうまくロープを操作して地面の上にロープが輪を描くようにします。もし輪が2つできたら（またはロープで地面の上に8の字が描けたら）、その瞬間が戦いの開始です。互いに相手を倒そうと、ロープを引っ張り合います。戦いが始まったら両手を使ってかまいません。

3 勝ち負けのルールは次の通りです。
☐ ロープを手から放したら、無条件で負け。
☐ 片足あるいは両足が、最初に立った位置から少しでも動いたら負け。
☐ 手を地面についたり、しりもちをついたりしたら負け。

同時に足が動いた場合は、少しでも早く動いたほうの負けですが、判定がつかなかったり、長時間勝負がつかなかったりした場合はじゃんけんで勝敗を決めます。

> 一生懸命引っ張り合ってピンと張ったロープをタイミングよく緩めると、相手がストンとしりもちをついたりして面白いです。人数が3人以上の場合は、最初に勝ったほうを「天下」として、天下に挑戦する勝ち抜き方式にします。もちろん天下に勝ったら新しい天下になります。負けたほうは挑戦者の列の最後尾に並びます。輪が一度に2つ以上できたり、ちょうど8の字の形になったりした場合も、即試合開始です。逆になかなか輪が2つできない場合は、できるまで交互にロープを操作し合います。

天下取り
てんかとり

2人で投げ合うボール遊び

基本は2人で投げ合い、落としたら負けというゲームです。大勢人がいるときはチャンピオンを決め、それに対する挑戦者方式でやります。このチャンピオンを「天下」と呼びます。

4～8人　低学年～

||||||||||||||| **準備するもの** |||||||||||||||

□ 大きなボール（ドッジボールなど）1個

||||||||||||||| **遊びかた** |||||||||||||||

1 じゃんけんなどで「天下」を決めます。1番目に勝った人が天下で、次に勝った人が最初の挑戦者、次に勝った人が2番目の挑戦者、次に勝った人が3番目の挑戦者……というように順番を決めます。

2 天下と最初の挑戦者は、4～5m離れて向かい合って立ちます。

> 2人とも両足を左右に少し開いて立ちます。他の挑戦者たちは、最初の挑戦者の後ろの少し離れたところに順番通りに並びます。

3 まず天下がボールを両手で持ち、そのまま自分の股下まで持っていき、振り出すように前へ投げます。

4 挑戦者がボールをキャッチできなかったらアウトです。

絶対に捕れないボールがきたら？
遠くに投げられたりして、とても捕れないようなボールがきたときには、その場を動かず、ボールの通る方向に腕をまっすぐ伸ばしてボールに手が届かないことを証明すれば勝ちです。伸ばした腕の指先にボールがかすりでもしたら負けです。

5 このようにして天下が勝てば、天下の地位を維持して次の挑戦者の挑戦を受けます。挑戦者が勝てば新しい天下になり、負けた天下は挑戦者の列の最後につきます。

このようにゲームを続け、天下が挑戦者全員に勝ったら、挑戦者の中から「小天下」を任命し、自分は「大天下」になります。挑戦者はまず小天下に挑戦し、勝ったら大天下に挑戦します。ここで負けても新たな小天下になれます。一方、そこで勝てば、大天下制は崩壊し、勝った人は新たに普通の天下になります。

 外遊び

フライ取り

高く上がったボールをみんなで追おう

ルールの少ないゆるいボール遊びです。小さな子が交じっているときも、みんなで加減して何度かに1度は捕らせてあげたりして、和やかに遊んでくださいね。

3〜10人 低学年〜

準備するもの

☐ ゴムボール 1個

遊びかた

1 1人がオニ(投げ手)となり、コドモから少し離れて立ち、向かい合います。

> 離れる距離は小さな子だったら近く、大きい子ほど遠くすればよいでしょう。

2 オニがボールを投げ上げ、それをノーバウンドで捕ったコドモがオニと交代して遊びます。

※もしノーバウンドで捕れなかったり、捕ってもすぐに落としてしまったり、2人以上で取り合いになったりしたら、オニは交代しません。

バリエーション

私が子どもの頃、近所にある倉庫の屋根を利用して遊びました。2階建ての高さぐらいあるスレートに、オニがボールを投げ上げるとゴロゴロ転がって、しばらくして落ちてきます。屋根から飛び出す瞬間までどこから落ちるかがわからないので、コドモは軒下を音を頼りに右往左往します。これが楽しい。
オニがちょっと斜めに投げ上げたり、回転をつけたりすると、思いがけないところから落ちてきて、とても面白いです。遊ぶスペースがあれば、普通の家の屋根でもできますよ。

はさみっこ

塁と塁の間での攻防戦

野球でいう「ランナーが塁間に挟まれた場面」を取り出したようなボール遊びです。塁の間に挟まれたランナーがどっちに行こうか考え、野手はどのようにしてタッチをするか迷います。

3〜10人 低学年〜

|||||||||||||||| 準備するもの ||||||||||||||||

☐ ゴムボール　1個

|||||||||||||||| 遊びかた ||||||||||||||||

1 地面に直径1m程の円を描き、これを塁（ベース）とします。そこから10m程離れたところに同様の円を描き、もう1つの塁とします。円の大きさや、塁と塁の距離などは、参加する人数や年齢層によって調整します。

2 オニを2人決め、それぞれの塁の前あたりに立ち、オニ同志でキャッチボールを始めます。
コドモははじめ、一方の塁の円内に全員がいます。そしてオニの隙をついて、もう一方の塁に走ります。塁はベースなので、そこに着いていれば安全でアウトにはなりません。塁間（円外）にいるときに、オニにボールでタッチされたらアウトになり、オニと交代します。

3 ボールはランナーに投げつけてはいけません。必ず手で持ってタッチします。こうしてオニを交代しながら続けていきます。

バリエーション

私の子どもの頃はこれだけの遊びでしたが、いつの頃からか【6ムシ】というゲームが流行りました。ルールはいろいろあるようですが、私が見かけたものを紹介します。
コドモがタッチされずに塁と塁を1往復すれば「1ムシ」になります。無事に2往復すれば「2ムシ」です。コドモは、成功するごとに大きな声で「1ムシ！」「2ムシ！」「3ムシ！」……と言っていきます。もしオニにタッチされたらオニになるわけですが、同時にそれまでの貯金もなくなります。つまりオニが誰かにうまくタッチしてコドモになれても、前歴がどうであれ、「0ムシ」から始めるわけです。
「6ムシ」に達したコドモは勝利で、とりあえずゲームから抜けて見ています。その後もう1人「6ムシ」に達したコドモが出たら、その2人の勝ちでゲームは終了です。次はその勝った2人がオニに、残りは全員コドモになって一方の円の中に入って、新たなゲームがスタートです。オニはコドモを牽制しながら、キャッチボールを始めます。

外遊び

五当て(ごあて)

3〜20人 高学年〜

メチャクチャ面白いメチャぶつけ

私が子どもの頃は「メチャぶつけ」と呼んでいた遊びです。校庭のような広い場所が必要ですが、トラック内やサッカーのフィールドのように区切られているほうが面白いかも。

準備するもの

☐ ボール 1個

遊びかた

1 じゃんけんなどで最初にボールを持つ人を決めます。ボールを持ったら地面に向けて思い切りボールを投げつけます。
ボールが高く弾んだらゲーム開始です。

2 誰かがボールを拾ったら、他の人は5歩まで走れます。そうしてボールを拾った人は、他の人を狙ってボールを投げつけます。

3 投げられたボールを避けるか受け取ればいいのですが、ノーバウンドで当てられると「1当て」になります。

> バウンドしていれば当たっても大丈夫!

※転がったボールなどはみんなで追いかけることになります。ところが誰かが拾った瞬間に、今度は素早く逃げなければなりません。至近距離だと当てられやすいからです。こうしてボールを取る先陣争いと、ボールを捕る、投げるの攻防が激しく演じられます。

4 同じ人が合計2回当てられたら「2当て」、3回なら「3当て」になります。「4当て」までは大丈夫なのですが、「4当て」にもなるとみんなに狙われるのでピンチです。そうして「5当て」になってしまうと罰ゲームです。

> 罰ゲームを何にするかはみんなで考えよう!

5 罰ゲームが終わると全員の当てられた回数がリセットされ、今、罰ゲームをした人がボールを地面に投げつけて、次のゲームになります。

コラム[子どもの頃の罰ゲーム]

私の子どもの頃の罰ゲームは「死刑」と呼ばれるものでした。これは壁に向かって両手を広げて立ち、後ろの何歩か離れたところから全員が1回ずつボールを投げて当てるものです。頭は狙ってはならないことになっていましたが、よく当てられて泣かされたものです。

天下町人
てんかちょうにん

素手で行うテニスのようなボール遊び

【天下町人】は私が子どもの頃の呼び名で、その後「ガンバコ」「ダイアナ」「ペンポン」「小中高大」などと呼ばれています。簡単に言えば地面を使った卓球です。でもラケットではなく、手で打ちます。

4〜7人　 低学年〜

|||||||||||||||| 準備するもの ||||||||||||||||

☐ ボール 1個
☐ ろう石（線を引くもの）

|||||||||||||||| 遊びかた ||||||||||||||||

※文中の「大」は大学生、「高」は高校生、「中」は中学生、「小」は小学生に対応します。

1 地面に1辺が3m弱の正方形を書き、田の字に区切り、中央に1辺30cmぐらいの菱形（ガンバコ）を書きます。

2 それぞれのマスに時計回りに「小」「中」「高」「大」と描き、1人ずつ入ります。5人以上の場合は外で待つ線を引きます「幼(幼稚園)」。

3 「小」のマスの人がサーブします。ボールを自分のマスに弾ませて手ですくいあげるようにして打ちます。そのときボールが枠外へ出たり、線上やガンバコに落ちたらアウト。

4 自分の枠内に打ち込まれたボールはワンバウンドさせ、手で打って他の枠にバウンドさせます。自分の枠内や、線上、ガンバコ、田の字の外へ打ったらミスです。

5 例えば「高」がミスしたら「幼」になり、「中」は「高」に「小」は「中」に待機の「幼」が「小」になって、次のサーブをします。

高校生は大学生をアウトにしない限り昇格はないのです。

ポイント
遊び手は4人以上なら何人でもいいのですが、待ち時間が長くなるので4〜6人くらいがちょうどいいでしょう。
ボールの打ち方はあらかじめ決めておきましょう。

外遊び

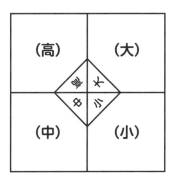

会戦(かいせん)

4〜30人 　低学年〜

2チーム以上の対抗戦

【会戦】は「会戦ドン」ともいって、どこでも周りの状況を利用してできる、簡単で楽しい遊びです。相手のスタートラインより、少し近いところにゴールラインがあるのがポイントです。

||||||||||||||||| 遊びかた |||||||||||||||||

1 同じ人数の2つのチームを作り、地面に下記のように線を引きます。両端の近くには各チームのスタートラインとゴールラインをそれぞれ引きます。
自分のチームのスタートラインに並び、相手チームのゴールを目指します。

> スタートラインとゴールラインの間は50cm〜1mくらい離しましょう。

2 両チームの先頭の子の「用意、ドン」などの合図で、同時にスタートします。

3 2人はライン上を走り、出会ったところでじゃんけんをします。
負けたら「負けた！」と大声で味方に知らせ、コースを外れて自分の列の最後尾に戻ります。相手の走行を邪魔してはいけません。じゃんけんに勝った場合は、そのままコースを進みます。

4 新たに列の先頭になった子は味方が負けたら、すぐにスタートします。

5 こうして相手のゴールラインに達したら1勝です。
1勝したら今ゴールに達した子は自分の列の後ろに戻り、互いに次の順番の子がすぐにスタートします。つまり勝負がついた瞬間から2戦目が始まるのです。このようにして、例えば先に5勝したチームの最終的な勝ち、のようにします。

ポイント

このゲームのポイントはスタートの手前にゴールを設けるところです。これで判定がはっきりできます。
この間が長いとすぐに勝負がつきすぎ、短いと危険です。

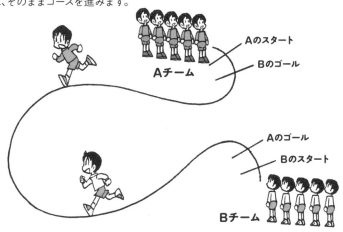

第2章

60

タッチ陣取り

お互いの陣地を奪い合う遊び

陣取りは運動量も多く、みんなで作戦を立てて協力しつつ個人の判断力や勇気の試される優れた遊びです。たくさんの種類があります。夢中になって走るので、ぶつからないように注意しましょう。

4〜50人 低学年〜

|||||||||||||||||| **遊びかた** ||||||||||||||||||

1 同じ人数の2つのチームを作り、地面に下記のように線をひきます。

2 それぞれの陣地に子どもたちが入って、審判の「戦闘〜開始！」の合図で合戦が始まります。
1人でも、誰にもタッチされずに相手の「陣地」を踏めば勝ちです。

3 ルールを確認します。
- □ 相手のエリアでタッチをされたら、一度自分の陣地に戻る。
- □ 自分のエリアで相手をタッチすれば、相手の陣地に追い返すことができる。
- □ 自分のエリアなら、いくらタッチされても陣地に戻らなくてよい。

ポイント

この陣取りはとても面白いのですが、どうしてもクロスプレーになり、ケンカになりがちです。
できたら、お互いの陣地の側に笛を持った審判を置いて判定するといいです。タイミングが難しいのですが、上手になるとすばらしくエキサイティングです。

外遊び

じゃんけん陣取り

じゃんけんに負けても逃げ切ればセーフ

敵とタッチ（ドン）したとき、互いに逃げ腰になってしまうので、足で目の前に横一文字にサッと線を引き、互いに自分の引いた横線を踏みながらじゃんけんをするとよいでしょう。

4～50人 低学年～

準備するもの

☐ 玉入れの赤白玉の赤など人数の倍くらい

遊びかた

1 はじめに全員に「命」の取り扱いを説明しましょう。
① 命は粗末にしてはいけない
② 命は投げてはいけない
③ 命は捨ててはいけない
④ 命はなくしてはいけない
⑤ 命は2つ以上持ってはいけない

2 同じ人数の2つのチームを作り（人数が奇数ならば1人違ってもかまいません）、ハチマキや帽子などで区別をつけます。

3 2つのチームに分けたら、全員が1つずつ赤玉を持ちます。これが命です。

4 地面に直径6～7mの円を描き、自分たちの陣地をそれぞれ作ります。またその中に「金庫」を作って、そこに同じ数ずつ（例えば8個ずつ）の命の予備を蓄えます。全員がそれぞれ自分の陣地に入って「戦闘開始」です。

5 自分の陣地は安全地帯です。陣地を出たら、敵の誰かと「タッチ（ドン）」をします。

6 タッチをした相手とじゃんけんをします。じゃんけんに勝った子は、負けた子を追いかけます。負けた子は自分の陣地まで走って逃げ切ればセーフで、勝った子は、陣地に逃げ込まれる前にタッチすれば命を取れます。

7 逃げ切れずタッチされてしまった子は、相手に自分の命を渡します。すると命がなくなるので自分の陣地の金庫へ、命を1つ補給に戻ります。一方勝った子は、命が2つになるので、自分の陣地の金庫に1つをしまいに行きます。

8 こうして一方の金庫の命がなくなれば、そのチームの負けです。

> 命のない子や、2つ持っている子はタッチはできません。それとじゃんけんをして追いかけっこをしている子たちを邪魔しないでね。

Sケン（エス）

作戦型戦闘遊びの傑作

私が子どもの頃は盛んに遊ばれていました。全国各地でいろいろな図形やルールで遊ばれていたようです。私の考えでは【Sケン】【水雷艦長】【長馬】が3大外遊びです。

8〜30人　低学年〜

遊びかた

1 チームを2つに分けて、地面にSの字の図形を描きます。S内が陣地で、陣地の一番奥に×を描きます。これが「宝」です。

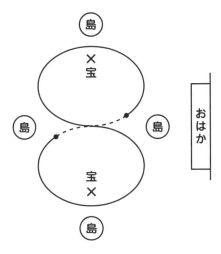

2 お互いの陣地に集合し、作戦会議をします。役割分担等を決めたら「戦闘開始！」のかけ声とともにゲームを始めます。

3 ゲームの目的は、点線部分から自分の陣地の外に出て、途中で島をうまく使いながら相手の陣地の点線部分から入り、宝を踏むこと。ただし、3つの決まりが守れなかった場合はアウトになり、「おはか」に移動します。

3つの決まり

Sの線を踏んだりまたいだりしてはいけません。

足の裏以外の体の部分が地面についてはいけません。

陣地の外では片足で立たなければなりません。移動はケンケンです。

※「島」は両足をついてもよい場所です。いろいろなルールがありますが、よくあるのは「島は安全地帯で戦闘禁止、でも一方のチームの子が入っているときは敵のチームの子は入れない」というものです。もちろん島でも線を踏んだらアウトです。

4 アウトになっていない子が、敵陣の宝を相手側より早く踏めば勝ちです。おはかの人が復活して2回戦目になります。

ポイント

芝生で遊ぶときはロープでS字を作り、島をフラフープで作るといいですよ。校庭で遊ぶときは、やかんに水を入れて線を引くといいでしょう。

8ケン

まず敵陣の周りを回るSケン

前のページで紹介した【Sケン】の上級編で、九州方面で遊ばれています。自陣を出るとすぐ敵陣の周りで、ここでの攻防が面白いのです(大阪では「ハチニク」と言ったそうです)。

8〜20人　低学年〜

遊びかた

1 遊びかたはP63ページの【Sケン】と同じです。そちらを参照してください。

2 陣形を、以下のように変更して遊びます。

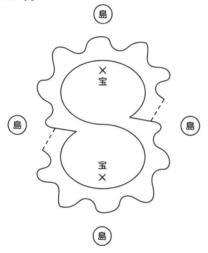

【8ケン】の図形は複雑です。【Sケン】の先端をそのまま延ばし、敵陣を1周するようにして出口となります。互いにそうするので全体で二重に描いた8のようになります。

この遊びの特徴は、自分の陣地を出ても通路があるので、ケンケンでなく普通に走って行けるということです。この通路を通ろうとするコドモと、それを陣地の中から妨害しようとするコドモの激しい攻防になるのです。

バリエーション

【ラーメンケン】

これも【Sケン】の一種ですが、自陣の周りを回ってから外へ出ます。出るのは楽でも、入り込むのが大変です。島は2つ、ないし4つ作りますが、島も四角く作ります。自分の陣地の周りに通路があり、自分の陣地を出るとすぐそこを通るということです。【8ケン】とは逆になります。

この図形だと自分の陣地を出るときはいいのですが、敵陣に攻め入ると本陣にたどり着くまで敵中を突破しなければならないので、なかなか大変です。

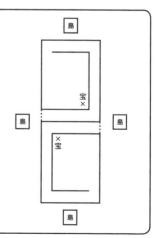

ぐるぐるケン

大人数用の【Sケン】です

【ラーメンケン】の巨大版で、大勢対大勢で遊べるようにコースが長くなっています。

8〜50人 | 低学年〜

遊びかた

※遊びかたはP63の【Sケン】と同じです。そちらを参照してください。

ポイント

原理としては【8ケン】より【ラーメンケン】に近く、まず自分の陣地の周りを回るのですが、何しろ通路の距離が長いので、一気呵成には進まず、人数が適度にばらけて、大人数でも遊べる展開になるわけです。このルールの場合は、小さな島をたくさん用意しておくほうがよいでしょう。

図形は、Sの字をうんと大きく描き、字の先端を【8ケン】のように外へではなく、輪の内部にぐるぐると渦巻きのように延ばしたものです。面積は十分に取らなければなりません。

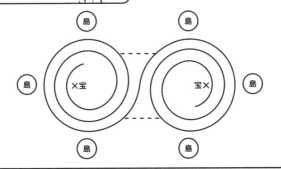

コラム [作戦会議で士気を高める]

【Sケン】で面白いのは、実は作戦です。【Sケン】は、単なる肉弾戦というわけではないのです。

私の知っている作戦としては、速攻、遅攻、正攻法などがあります。正攻法というのは、島伝い戦法とも呼ばれ、【Sケン】の最も基本的な戦略です。島伝いに少しずつ兵力を送り込んで、最後は敵陣に突撃を図ります。速攻とは、守りを全く考えずに、戦闘開始直後から全員で敵陣に突っ込むことです。島には目もくれません。遅攻はその逆で、守りに徹し、相手の消耗を待ち、最後に少数で攻めます。はじめは直近の島だけを取ります。他にも囮作戦や、マンツーマン作戦などがあります。

戦闘開始前には必ず、自陣の真ん中に集まって作戦会議をします。団結を固め、作戦を話し合い、全員に役割を振って士気を高めます。最高にワクワクします。

一見体力勝負であるように思えますが、実は知力勝負、胆力勝負であり、小さな子にも活躍の場があるのが、この遊びの真骨頂なのです。

外遊び

水雷艦長（すいらいかんちょう）

8〜60人 ／ 低学年〜

外遊びの粋

【水雷艦長】は「駆逐水雷（ちくすいらい）」とも呼ばれる外遊び。陣取り遊びの一種で、大正時代に成立したと言われています。広い場所さえあれば、校庭でも、原っぱでも、街中でも、それぞれの楽しみかたができます。

||||||||||| 準備するもの |||||||||||

☐ 赤白帽　人数分

||||||||||| 遊びかた |||||||||||

1 全員を赤組・白組の2つに分け、それぞれのチーム全員がゆっくり入れる程の大きさの楕円（陣地）を描きます。

2 それぞれのチームで作戦会議をします。まず「本艦（リーダー）」を決め、みんなの意見を聞きながらそれぞれに「水雷」と「駆逐」の役割を割り当てます。
水雷と駆逐の数は同じでなくてもよいのですが、一度決めたら1勝負終わるまでは変えられません。本艦は1人だけです。

> 小さい子は駆逐にしてあげてください。

3 役割が決まったら帽子をかぶります。もちろん赤組は赤、白組は白ですが役割によってかぶり方を変えます。

本艦
（本かぶり）

水雷
（後ろかぶり）

駆逐
（横かぶり）

4 両チームが中央に集まり、顔合わせをします。このときに誰を捕まえたらいいか、誰から逃げたらいいかを確認し合います。

5 顔合わせが終わったら、全員が互いの陣地に戻り、本艦は声をそろえて「戦闘開始！」と声をかけ、攻撃を始めます。

戦闘開始！

6 ゲームは、陣地の外で水雷が敵の本艦にタッチすれば勝ちです。また、本艦が敵の陣地を踏んだときも勝ちになります。

次の場合は捕虜にできます。

本艦…敵の駆逐にタッチすると敵の駆逐は捕虜になります。

駆逐…敵の水雷にタッチすると敵の水雷は捕虜になります。

水雷…敵の駆逐にタッチされると自分が敵の捕虜にされますが、敵の本艦にタッチするとゲームに勝利します！

7 駆逐対駆逐、水雷対水雷がタッチした場合は、じゃんけんでいうあいこと同じで、互いに「命」がなくなります。命がないことがわかるように、帽子をぬいで手に持ちます。命を取り戻すためには、味方の陣地に戻るか、味方の本艦にタッチしてもらえばいいのです。命を取り戻したら、前の役割通りに帽子をかぶり直します。

次の場合は命がなくなります

- □ 捕虜になった場合。
- □ 駆逐が水雷を捕まえた場合、水雷は捕虜なので当然命がなくなりますが、捕まえた駆逐も命がなくなります。
- □ 捕虜を助けた場合、助かった捕虜も命はないままですが、助けたほうも命がなくなります。
- □ あいこの場合。

※本艦と本艦がタッチした場合は何も起こりません。

捕虜になったら

- □ まず敵の陣地に行きます。途中で味方に助けてもらうことはできません。
- □ 敵の陣地の決められた場所(牢屋)に(陣地内ならどこにいてもいいというルールもある)、帽子を持って立っています。
- □ 敵の陣地から出ることはできませんが、1人が敵陣にいれば、手をつなぎ鎖になって出ることができます。ここへ(命のある)味方が走ってきて、鎖のどこか一部にタッチすれば全員が解放されます。
- □ ケンケンであれば個人的な脱走ができます(鎖になっている場合はできません)。途中で味方にタッチしてもらえば、あとは歩いて帰れます。

8 自分の陣地内は安全地帯です。敵に捕まることはありません。

9 勝負がついたら、またチームごとに集まって作戦会議を開きます。このときには役割の交代ができます。
また、何度か遊んだら陣地交代ができます。チーム作りからやり直すこともできます。

副艦ルールについて

人数が40人以上もいるような場合は、「副艦」を1人選ぶこともあります。
副艦は、敵の駆逐を捕まえることができますが、敵の水雷・本艦に捕まると捕虜になります。敵どうしの副艦がタッチしたら、互いの命がなくなります。
副艦が敵の陣地を踏んでも勝ちにはなりませんし、命は1つしかもっていません(帽子は本艦と同じ)。

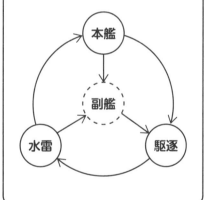

外遊び

ボーダーボール

動ける範囲が決められたサッカー

サッカーの一種です。ボーダーライン2本を入れ、4つのエリアを作ります。各エリアにプレイヤーがおり、そこから出ることができないため、パスをつなぎながらゴールを目指します。

10人〜 低学年〜

||||||||||||| 準備するもの |||||||||||||

☐ サッカーボール 1個

||||||||||||| 遊びかた |||||||||||||

1 基本的なルールはサッカーと同じです。ただしゴールライン、ハーフウェーラインの他に、ボーダーライン2本を入れて、フィールドが4つのエリアに分かれるようにします。

2 プレイヤーはポジションによって、いるエリアが決められていて、出ることはできません。ゴールラインを広めにとりますが、キーパーもゴールエリアからは出られません。
つまり、あるチームのフォワードは、敵のチームのディフェンダーと同じエリアにいることになります。
自分のエリアから出てボールに触ると、相手チームのフリーキックになります。

3 あとは、通常のサッカーと同じルールで遊びます。

> 「反対コートから一気にドリブルで進んでシュート」などということはできなくなりますが、パスワーク中心の面白いゲームになります。サッカーの上手な子が、1人でドリブルしゴールを決めるということができないので、どの子も活躍できる試合になります。

```
            ┌─────────┐
            │ Aのキーパー │
  ┌─────────┴─────────┴─────────┐
  │  Aのディフェンダー        A   │
  │   Bのフォワード    B          │
  ├───────────────────────────────┤
  │      B         B              │
  │  A         A                  │
  │         ○                    │
  │                               │
  │  A         A                  │
  │      B         B              │
  ├───────────────────────────────┤
  │                Bのディフェンダー│
  │      B          Aのフォワード  │
  │  A                            │
  └─────────┬─────────┬─────────┘
            │ Bのキーパー │
            └─────────┘
```

第3章
室内遊び

家の中で遊ぶ「室内遊び」。
雨が降った日はもちろん、
晴れた日でも、お家の中でなら
いつでも楽しめます。

70	投扇興	84	巻紙探検
72	藤八拳	85	三山くずし
73	出せ出せ(どんどん拳)	86	マルバツ
74	軍艦じゃんけん	87	豚のしっぽ
75	グリンピース・ドン	88	セブンスペード
76	ウルトラじゃんけん	90	オーサー
77	ペアじゃんけん	91	掛合トランプ
78	じゃんけんカブト	92	ドミノ
79	顔合わせ	93	チェッカー
80	貴殿の頭	94	青冠
81	金毘羅船々	95	ステッケムアップ
82	鉛筆会戦	96	ごいた
83	電話交換機	98	市場の商人

投扇興 （とうせんきょう）

2〜10人 | 高学年〜

「日本のダーツ」と呼ばれる遊び?

1770年代の初頭、京都の投楽散人其扇（きせん）と名乗る人が、中国伝来の投壺（とうこ）にヒントを得て考案したと言われる遊びです。江戸時代に盛んになったと言われています。

準備するもの

☐ 投扇興 一式。扇数本と的、枕（台）になる高さ20cm弱の直方体の箱で代用することも可 ※代用案については次ページ参照。

遊びかた

1 「枕」を立て、その上に「蝶」や「字」と呼ばれる飾りもの(的＝まと)を載せます。競技者は的から互いに畳1枚ほど離れた位置に座布団を敷き、扇を5本ずつ持ち、相対して正座します。

> 的の両側に座布団を敷き、行司と字扇取り役（じせんとりやく）が正座するよ。

2 行事の口上に合わせて次のように遊びが進みます。
  行司「ただ今より、○○殿と××殿の対戦を行います。一同礼」
  全員おじぎをします。
  行司「賽（さい）振りをどうぞ」
  対戦者がさいころを振って先攻・後攻を決めます。
  行司「○○殿3、××殿5につき、××殿先攻にて行います。両者礼」
  対戦者どうしがおじぎをします。

> 少し難しくて、なじみのない言葉や道具を使うけど、的と扇に代わるものさえあれば、正式ルールにこだわらなくても、自己流のルールで十分楽しめるよ！

3 行司が「始めませ」とかけ声をかけ、先攻から1投ずつ、的に向かって押し出すように扇を投げ始めます。扇は中空で一旋（いっせん）して、滑空し、当たれば的が落ちます。落ちた的と扇との関係を行司が源氏物語五十四帖などになぞらえ銘定（めいてい）を判断し、採点します。銘が定まれば字扇取りが扇を取り、的を台に戻して、投げ手は交代です。※銘定については次ページ参照。

> 扇は完全に開いて、要を的に向けて片手にのせ、座布団から膝が出ないようにして的へ向かって押し出すように投げます。前屈みになるのはOKですが、前に手をつくのはNGです。正座のかかとがお尻と離れてもいけません。
> ちなみに、一投ごとに行司が「みおつくしにつき11点」などと判定を言い、記録取り役がそれを記録していきます。

4 3を5投ずつ繰り返し、場所を替えてさらに5投し、計10投の合計点で勝敗を決めます。

コラム[「銘定」とは]

投扇興を「ダーツ」と紹介するのは、実は正しくありません。的に正確に当てることを競うわけではないからです。投扇興の得点は昔から、落とした的と扇とで形作るフォームを見立てて、典雅な「役」とか「銘」と呼ばれる名前を付けて評価してきました。これは百人一首に由来を求めたり、源氏物語五十四帖の題名にちなんで名付けたりしています。

一例を挙げると、扇が的に全然当たらなかったら「手習い」、ただ当たって的を落としただけなら「花散里」、的を落とした扇がそのまま箱枕の上に乗ったら「澪標（みおつくし）」などと、形を優雅な名前に見立てて遊ぶのです。

コラム[投扇興の歴史]

江戸時代に広がった投扇興は、一時期廃れていましたが、1982年浅草に東都浅草投扇興保存振興会が発足し、「其扇流（きせんりゅう）」としてルールの整備と普及に努めています。他にも全国にいくつか流儀や伝承がありますが、ここで紹介したのは、其扇流をもとにした遊び方です。

投扇興は流派にもよりますが、同門どうし、仲良しどうし、ご近所どうしが集まって「連」を作って楽しむことができます。連で互いに競い合い、励まし合うことでゲームは一段と楽しくなり、団体戦などにも出場できるようになります。

最近はテレビなどでも取り上げられ、知名度も上がったようですので、まずは家族で優雅に楽しんではいかがですか。

※「連」は阿波踊りなどでおなじみの、江戸時代からある日本庶民の「グループ活動」のこと。

コラム[代用品で遊ぼう]

投扇興は雅な遊びですが、もちろん競技でもあります。ですから、ここで多く参照した其扇流では、扇の長さや重さなどがきちんと規定されています。そのため、道具を買いそろえるとなるとかなりの額となります。とはいえ、普通の扇で遊ぶこともできます。特に規定などなく、身近な扇を使えばよいのです。要は対戦者が同じ条件で、交互に同じものを投げ合えばいいわけです。ただし扇はかなり傷みますので、高価なものは避けたほうがよいでしょう。

室内遊び

藤八拳(とうはちけん)

2人 | 高学年〜

江戸時代から続くじゃんけん上級編

日本の伝統室内遊び【藤八拳】は、面白いだけでなく、高度なワザを要求される優れた勝負事です。もとは「狐拳」で、「じゃんけん」「石拳」「虎拳」「虫拳」などを含む「すくみ拳」の1つです。

遊びかた

1 まず、【藤八拳】のもととなった「狐拳(きつねけん)」を覚えましょう。狐拳の「手」は、「狐(パー)」「猟師(チョキ)」「庄屋(グー)」の3つ。勝ち負けのルールはじゃんけんと同じです。

「狐」……指をそろえて手を開き、顔の前あたりに、ハの字に出します。『庄屋に勝つ』

「猟師」……指を鉄砲の引き金を引くように曲げ、鉄砲を撃つように腕をかまえる(別名「鉄砲」)。『狐に勝つ』

「庄屋」……手を軽く握って膝の上に置きます(別名「旦那」)。『猟師に勝つ』

2 以上を覚えたら、いよいよ勝負！「よいよいよい」のかけ声に合わせて手を打ち、最初に2人とも「狐」を出します。

3 次に「ハッ」と声を入れて、自由に次の手を出し、勝負がつくまで繰り返します。これが狐拳です。

4 ここからが【藤八拳】。藤八拳は狐拳の3拳勝負。リズムよくどちらかが3連勝するまで続けます(途中であいこが入ったらまた1拳から)。

5 3連勝した瞬間に、手をパンと打って「しめ」ます(しめないと勝ったことになりません)。これで「1本取った」ことになります。

6 勝負がついたら「しぼり」と声をかけて手を合わせ、また「よいよいよい」から始めます。2本取った(3連勝を2回した)ほうが最終的な勝ちです。

※「狐拳」は、別名「庄屋拳」とも言います。「藤八拳」は「東八拳」とも書きます。

ポイント

タイミングが難しいのですが、上手になるとすばらしく面白い遊びです。上手な人の勝負を一度ご覧になることをおすすめします。

※以上の基本だけでも面白いのですが、さらに上達すれば「逃げ」「つっこみ」などの高度なワザ、一本間拳、軟拳などの高度なルールもあります。

出せ出せ（どんどん拳）

2人 低学年〜

自分が言ったように出させるじゃんけん

明治時代にあった【ウントコ拳】をやさしくしたものと言われます。合わせじゃんけんですが、手を出すのは1人です。タイミングよく同時に一方が言い、一方が手を出します。

遊びかた

1 じゃんけんで先攻後攻を決めます。そして先攻は「出せ出せ"パッ"と出せ」と言います。後攻は"パッ"のところでじゃんけんのパーを出します（"チッ"はチョキ、"グッ"はグーになります）。相手が言った通り"パッ"の例ではパーを出したら、先攻はそのまま「出せ出せ"グッ"と出せ」などと続けます。

2 連続して後攻が先攻の言う通りの手を出したら、そこで先攻はパチンと手を打って勝ちとなります。しかし、後攻が言われたのと違う手を出したら攻守交代です。

3 どちらかが2連続で言われた手を出すまで続けます。

> オリジナルの【ウントコ拳】は3連勝すると勝ちというルールですが、それだとなかなか勝負がつきません。

室内遊び

出せ出せパッと出せ！

軍艦じゃんけん

相手につられないで手を出そう

「合わせじゃんけん」と呼ばれるじゃんけん遊びの1つ。歌詞の内容から考えると1941～42年頃にできたのではと思いますが、もっと古くからあるのかも。3本勝負、5本勝負で遊んでもいいですよ。

2人　低学年～

遊びかた

1 まず普通のじゃんけんをします。かけ声は「じゃんけんぽん」でもかまいませんが、正式には「軍艦じゃん」とかけるようです。あいこなら「あいこでぽん」と勝負がつくまで繰り返します。

2 最初のじゃんけんに勝ったほうが唱え役になって、言葉を3回唱えながら拳を出します。相手もタイミングを合わせて、3回拳を出します。グーは軍艦、チョキは沈没、パーはハワイと唱えます。

例）最初のじゃんけんで、グーで勝った人は、「軍艦・軍艦」と唱えて、手は「グー・グー」と出します。3回目の声がハワイなら手は「パー」。最初にチョキで負けた相手は、相手の唱えるタイミングに合わせて「チョキ・チョキ・×」と出します。

3 このとき、唱え役と同じ手（例えば唱え役が「ハワイ」とパーを出したとき、自分もパー）なら勝負全体の負けになります。

そうでなく、唱え役の手に負ける手（この例だとグー）を出したら、唱え役は変わらず「ハワイ・ハワイ・沈没」のように次の回も続きます。唱え役に勝つ手（この例ではチョキ）を出したら、唱え役は交代し「沈没・沈没・軍艦」……のように続くのです。

> 言い間違いや出し間違いをすると負けだよ！
> かけ声は自由に決めていいけど、手と合わせてね。

ポイント

「じゃんけんの勝ち負け」と「勝負の勝ち負け」が違うところがミソ。つまり、じゃんけんで勝ったほうが唱え、唱えているときあいこになれば勝負全体に勝ちます。いわばじゃんけんの勝ち負けは、バレーボールのサーブ権のようなもの。じゃんけんの勝ち負けでサーブ権が移動し、サーブ権を持っているときにあいこになれば、勝負全体に勝つわけです。説明を読むと複雑ですが、やってみると意外と簡単。ちょっと心理戦の要素もある、面白い遊びです。

グリンピース・ドン

相手につられないで手を出そう

こちらも「合わせじゃんけん」の1つ。ルールは【軍艦じゃんけん】とほぼ同じですが、勝負の決め方が少し違います。

2人　低学年～

▒▒▒▒▒▒ 遊びかた ▒▒▒▒▒▒

1 最初のじゃんけんのかけ声は「グリンピース」で。

2 あいこなら勝負がつくまで繰り返します。勝ったほうは【軍艦じゃんけん】のように唱え役になってゲームを進めます。唱えはグー＝グリン、チョキ＝チリン、パー＝パリンです。同じ手を出したら、どちらもいち早く「ドン」と言います。

3 先にドンと言った人の勝ちです。

例）
「グリンピース。チリン、チリン、グリン。パリン、パリン、グリン。グリン、グリン、チリン。ドン」

勝負の決め方に注意。【軍艦じゃんけん】は同じ手を出したら唱えているほうの勝ちですが、【グリンピース・ドン】では同じ手を出したらすぐに「ドン」と言います。先に言ったほうの勝ちです。

ポイント
バレーボールのように、サーブ権のないほうも点を入れられるので、【軍艦じゃんけん】とはまた違った緊張感と面白さがありますよ。

室内遊び

コラム［じゃんけんの起源］

手や声を2人（以上）で同時に出して、勝負を争う遊びを「拳」と言います。場合によっては、手先だけでなく腕や上半身、足などを使うこともあります。よく知られている「じゃんけん」も拳の1つですが、この本で紹介した【顔合わせ】や、【おてぶし】なども、広い意味での拳です。
じゃんけんは、現在の日本人なら誰でも知っているので、随分昔からあったように思われますが、意外にもせいぜい江戸時代までしか遡れないようです。証拠がないので断定はできませんが、その起源は2人で指と声を同時に出して合計数を当てる「本拳」という中国から伝わった遊びのようです。本拳そのものは滅んでしまいましたが、その流れは「指すま」などと呼ばれて、今でも遊ばれています。

ウルトラじゃんけん

大勢で盛り上がれる合わせじゃんけん

【軍艦じゃんけん】や【グリンピース・ドン】と同じ合わせじゃんけんの一種。攻める側が1回ごとに交代するのでよりシンプル。大勢で楽しめます。

2〜20人　幼児〜

遊びかた

1. はじめに普通のじゃんけんをします。勝ったほうが先攻です。

2. それぞれが、じゃんけんのチョキのように両手の2本の指を自分の眉の上にもっていきます。攻めるほうが「ビームシュワッチ！」と言います。

3. 言い終わると同時に、右の3つの動作のうちのどれかを行います。このとき同じものを出したら（つまり同じ動作をしたら）攻めているほうの勝ち。もし違う動作をしていたら、攻守交代です。

2人同時だよ！ 後出しはNG。

以下、「ビームシュワッチ！」「ビームシュワッチ！」「ビームシュワッチ！」……と、同じ動作が出るまで、攻守を交代しながら続けます。

3つの動作

いろいろなやりかたをする人がいるので、最初にきちんと決めておいてね。

① 左手を手のひらを下にして胸の前に出し、そのまま右へ直角に曲げて構える。その手の甲へ右手の肘を乗せてまっすぐ立て、手のひらを内側へ向けて指をそろえる。

ウルトラマンがスペシウム光線を発射するときの格好！

② じゃんけんのチョキのように両手の2本の指を自分の眉の上にもっていく。

③ 両手を胸の前でクロスさせて、大きな×を作る。

バリエーション

攻守を交代しなければ大勢でできます。リーダー（オニ）を1人決め、リーダーと残りのコドモが向かい合って立ちます。2の動作をして、そこから「ビームシュワッチ！」と言って全員が3つの動作のどれかをします。リーダーと同じ動作をしたコドモは座ってゲームから抜けていきます。こうしてどんどん座っていって、一番最後まで残った人の勝ちです。

ペアじゃんけん

ペアで息を合わせて楽しもう

私が子どもの頃は「夫婦拳」とか「夫婦じゃんけん」と呼んでいた遊びです。どうやらいわゆる「お座敷遊び」のようです。「めおと」というのも今どきどうかと思うので、呼び名を変えてみました。

4、6、8人 低学年〜

遊びかた

1 2組のペアを作ります。ペアの2人は、相手ペアにわからないように相談して、じゃんけんの手を3つとその順序を決めます。
例）「グー→グー→チョキ」

2 相手ペアと顔を合わせ、「じゃんけんぽん、じゃんけんぽん、じゃんけんぽん」と3回連続でじゃんけんをします。

3 勝ち越したチームが勝ちです。3回あいこか、1勝1敗1あいこのときしか引き分けがないので、案外勝負がつきます。

お座敷では芸者とお客のペアを「めおと」と呼んだところから、夫婦じゃんけんと呼ばれていました。

4 バラけた場合（同じペアが別々の手を出した場合）は負け。つまり、3回勝負で2回勝っても3回目にバラけたら、3回勝負全体の負けになるのです。

お互い同時にバラけたときは単なるあいこ！

5 もっと楽しみたいときは、1から3を3回やります。つまり3回勝負。この場合、2回勝ったら最終的な勝ちなので、2回連勝したら3回目はやりません。

1番勝ち、1番負け、1番引き分けなら無勝負。

ポイント

それぞれのじゃんけんで勝っていても、バラけてしまうと負けになるのが、【ペアじゃんけん】の面白いところ。要は、ペアが打ち合わせ通りのものを出せるかどうかが勝負の分かれ目となります。両ペアともに3回ともバラければ、もちろん結果は引き分けです。
【ペアじゃんけん】は2対2の4人で遊びますが、3ペアの6人戦とか、3人トリオの6人戦などもできます。

室内遊び

じゃんけんカブト

2人 低学年～

頭をたたかれる前に、急いで防御

じゃんけんをして、勝ったほうは相手の頭をポコンとたたく、負けたほうは兜で頭を守るという素早さが要求される反射神経ゲームです。ついつい夢中になってしまう遊びです。

準備するもの

☐ 新聞紙 数枚
☐ セロハンテープ
☐ 読み古した週刊誌など 1冊

遊びかた

1 新聞紙をクルクルと丸め、端をセロハンテープなどでとめて30cmぐらいの棒（刀）を2本作ります。そして読み古した週刊誌などを1冊用意します。これが兜になります。

2 2人は向かい合って座り、中央に兜を置きます。そして兜の両脇に、刀を1本ずつ置いたら準備完了です。

3 2人でじゃんけんをします。あいこの場合は勝負がつくまでやります。じゃんけんで勝ったほうは、素早く刀を手にして、相手の頭をポコンとたたきます。負けたほうは素早く兜を取って、それで自分の頭を守ります。簡単ですが、とても夢中になる遊びです。

> たたくときは、あまり強くしないようにね。

> 兜の両脇に、刀が1本ずつ置いてあるのがポイントです。これが1本しかないと、利き腕が使える人が有利になってしまいます。公平を期するために、2本用意しましょう。ちなみに負けたのに間違えてたたく人が出てくるので、それも盛り上がります（反則ですが……）。

顔合わせ

2人 低学年〜

合わせじゃんけんに似た遊び

大きめの絵本などを利用して、兄弟でよく遊んだものです。本に限らず下敷きでも何でもいいのですが、ハードカバーの絵本が一番使いやすかったです。小さい子とやると、キャッキャと喜びます。

遊びかた

1 絵本などを閉じたまま立てて、2人で持ちます。互いに本の反対側から本の両側下部を両手で持つのです。そうしてこの本の表紙と裏表紙に、互いの顔を近づけます。横から見ると顔と顔をつき合わせ、その間を本で遮っているような感じです。

> このとき、互いに本に顔がつくくらい近づけたほうが楽しめるよ！

2 親と子を決めます。親は顔を合わせようとし、子は合わせまいとします。

3 「いち、にの、さん！」で、2人とも絵本の右か左か上から顔を出します。同じところから顔を出したら親の勝ち。勝負がつかなければ、最初から繰り返します。

勝ち負けより、互いに目の前に相手の顔がぬっと出てくるところが面白いので、爆笑が絶えませんよ。
私は、よく遠足のバスの中でやりました。バスの座席の背もたれに顔を思い切り近づけて、後ろの座席の子とやるのです。もちろん、前の席の子は後ろを向いて自分の座席の背もたれに顔を近寄せます。上や一方の横からは顔を出せても、反対側の横から出しにくいような場合は、少しリクライニングするといいですね。

室内遊び

バリエーション

【あっち向いてホイ】

私の子どもの頃は、この遊びはありませんでした。どこかの知恵者が考えたものでしょう。
①じゃんけんをして親と子を決めます。
②親は人差し指1本を立てて子の鼻先を指さし、「あっち向いて―ホイッ！」と声をかけます。この「ホイッ！」のときに指先を右か左か上か下かに向けます。一方、子は「ホイッ！」のときに顔を右か左か上か下かに、サッと向けます。後出しはダメで、同時にやります。指と同じ方向に顔を向けたら親の勝ち、規定回数以内に指と顔を同じ向きに向けられなければ親の負けです。

※あらかじめ3回交代などのルールも決めておきましょう。1回交代（交互）、互いに何回で同じ方向を向くかを争うやり方などいろいろあります。

貴殿の頭
きでん あたま

2人　幼児〜

同時にセリフを言い合うにらめっこ

この遊びは一種のにらめっこ。2人の遊びですが、勝ち抜き戦にすれば大勢でできます。ただし本当にはげ頭の人がいる場合は、やめたほうがいいかもしれません。

遊びかた

1 2人向かい合ってじゃんけんをします。

2 じゃんけんで勝ったほうは相手の頭を指さして大きな声ではっきり、「貴殿の頭ははげ頭」と言います。じゃんけんで負けたほうは自分の腰に手をやって、「拙者の刀はさび刀」と大きな声ではっきり言います。ちょうど武士が刀を抜こうとするような動作ですね。

大事なことはこれを同時にやること。動作とセリフを交代しながら続けます。

3 2を続けます。
つまり両方同時に違う動作とセリフを言い合い、それを交互に繰り返します。

ポイント

言い間違えたり、笑い出したら負けです。「さび頭」や「はげ刀」が飛び出して、笑えます。

例えばこんな感じ！

じゃんけんに勝ったほう	じゃんけんに負けたほう
「貴殿の頭ははげ頭」→	←「拙者の刀はさび刀」
「拙者の刀はさび刀」→	←「貴殿の頭ははげ頭」
「貴殿の頭ははげ頭」→	←「拙者の刀はさび刀」
「拙者の刀はさび刀」→	←「貴殿の頭ははげ頭」
……	……

金毘羅船々
こんぴらふねふね

今もお座敷で遊ばれている遊戯

舞妓さん・芸妓さんと行うお座敷遊びとして有名ですが、もちろん誰でも遊べます。独特の民謡がリズミカルで、とても楽しめます。

2人　低学年〜

準備するもの

☐ コップ　1個

遊びかた

1 対戦者は、テーブルを挟んで向かい合って座ります。テーブルの上には、中央にコップを伏せて置きます。次にじゃんけんなどで先攻、後攻を決めます。もっとも先攻と言っても先にコップに手を置くだけ、後攻と言ってもあとから置くだけで、あまり意味はありません。

> 中央に置くコップはガラス製だと危ないので、プラスチック製などがおすすめ。なければ紙コップでも十分。瀬戸物は重いので向かないよ。

2 用意ができたら、2人とも自分の左手の手のひらを上に向けて広げ、そこに自分の右手を軽く握って置きます（左右の手は逆でもかまいません。その場合は以下の説明も、左右を読み替えてください）。
そして歌い出します。

♪こんぴらふねふね おいてに ほかけて
　シュラシュシュシュ
　まわれば しこくは さんしゅう
　なかのごおり
　ぞうずさん こんぴらだいごんげん
　いちど まわれば

3 対戦者は歌いながら軽く握った右手を開いてコップの底に触り、再び軽く握って左手のひらに戻すことを繰り返します。先攻は「こん」でコップの底、「ぴら」で自分の手、「ふね」でコップの底……というように右手を歌に合わせて往復させます。後攻も、右手を「こん」で左手のひらの上、「ぴら」でコップの底、「ふね」でまた自分の左手……と同様に繰り返します。2人で交互にコップの底を平手でたたいている感じです。コップはたたくだけでなく、そのまま右手で掴んで自分の左手のところへ持ってきてしまったり、またタイミングよく返したりしてもかまいません。ルールとしてはコップの底は手を開いて（パーで）たたかなければなりません。しかしコップがないときは、取り跡を握った手で（グーで）たたかなければならないのです。

4 コップの底をグーでたたいたり、コップの取り跡をパーでたたいたりしたら失敗で、相手に一本取られたことになります。またコップを連続3回以上持つのも反則です（連続2回まではOK）。
1本勝負がついたら勝ったほうを先攻にして繰り返し、合計3本取ったら最終的な勝ちとなります。

室内遊び

81

鉛筆会戦（えんぴつかいせん）

2人 　低学年〜

鉛筆を使った2人遊び

紙の上に鉛筆をまっすぐ立て、人差し指1本で鉛筆の頭を支え、軽く指に力を入れ前にはじくように鉛筆を倒すと、紙に鉛筆の線が薄くつきます。これを利用した遊びの1つです。

||||||||||||| 準備するもの |||||||||||||

- □ 鉛筆 2本
- □ 紙 1枚

||||||||||||| 遊びかた |||||||||||||

1 紙を縦にして2人の中央に置き、互いにその端に戦車や飛行機を描きます。

> 飛行機といっても、「士」の字のようなものを描きます。縦横2〜3mmといったところです。

2 互いに本陣（城）を手前中央に描きます。

3 じゃんけんで先手後手を決めます。先手から、自分の飛行機や戦車に鉛筆を立て、はじいて線を描き、飛行機や戦車をその先端に移動させます。

> 鉛筆の線の先に新たに飛行機などを描いて、元の飛行機などを斜線で消そう。

4 攻撃は体当たり。相手の飛行機や戦車を、自分の鉛筆の線が通過すれば、相手を破壊したことになります。相手の本陣を3回撃てば勝ちです。

ポイント

他にも、【鉛筆海戦】、【鉛筆レース】、【鉛筆的当て】、【鉛筆ボーリング】などのバリエーションがあります。雨の日の休み時間や、自習時間に教室でやったことのある人も多いでしょう。どれもこれといった確定したルールがあるわけではなく、遊ぶ人どうし適当に話し合って決めればいいのです。ここにあるやり方にこだわらず、細部はやる人で話し合って決めてください。

バリエーション

【鉛筆レース】
人数が多いほうが面白いでしょう。
①ボールペンなどで紙にコースを描きます。自動車レースのコースと同じなのですが、同じところを周回するより、細長いコースのほうが面白いかも。曲がりくねって、広いところや狭いところがあると楽しめます。シケインやヘアピンを作ってもいいでしょう。
②コースの両端にスタートラインとゴールラインを描きます。
③ポールポジションはじゃんけんで決めます。じゃんけんで勝った順に、スタートラインに自分の自動車を描きます。あとは【鉛筆会戦】の要領で、自分の車を進めます。鉛筆の線が壁にぶつかったり、他の車にぶつかったりしたら、その位置で1回休み。こうしてゴールインした順に順位がつきます。

第3章

電話交換機

2〜20人 低学年〜

急いで電話線をつなげ！

【電話交換機】は2人以上何人でも遊べる、問題→解答型のゲームの一種です。紙と筆記用具が人数分必要ですが、すぐ遊べてすぐ結果の出る、手軽な遊びです。

|||||||||||| 準備するもの ||||||||||||

□ 筆記用具、紙　人数分

|||||||||||| 遊びかた ||||||||||||

※2人で遊ぶ場合

1 同じ大きさの紙を1枚ずつ、鉛筆を1本ずつ持ちます。互いに相手に見られないようにして、紙に①〜⑳の数字を1つずつバラバラに書きます。

始める前に字の大きさなどは話し合って決めておいたほうがいいでしょう。

2 書き終わったら、互いに紙を交換します。

3 交換したと同時に互いに①→②→③→……と、順に鉛筆でつないでいきます。これが解答で、先に⑳までつなげたほうが勝ちです。つながったらすぐに鉛筆を置いて宣言します。2人とも終わったら、ちゃんと①から⑳まで順番につながっているかを互いにチェックします。
間違いがあると負けになります。互いに間違えている場合は引き分けです。

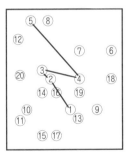

バリエーション

大勢で遊ぶ場合

①車座に座ります。円卓が一番よいのですが、テーブルを口の字に並べてもできます。

②問題を書いたら裏返しにし、全員が書けたことを確認したら右隣に回して、一斉に解答（①〜⑳まで一筆書きにつなげる）を書きます。

③できたらすぐに鉛筆を置いて、あらかじめ決めておいた場所に1列に並びます。

④互いにチェックし、合格した人は並んでいる順で順位がつきます。

室内遊び

巻紙探検

丸めた紙で広がる探検世界

丸まった紙で隠れた線をたどっていく遊びです。最近の遊びはテレビゲームはもちろん、出来合いのものが多いのですが、これは自分でゲームを作るという楽しさもあります。

2人　低学年〜

準備するもの

- 紙（B4程度）1枚
- ハサミ　□ ペン

遊びかた

1 B4程度の紙を縦に4つに切り、端を順につなげて細長い帯を作ります。

2 テープの一方の端をゴールとして、ここに宝物の絵などを描き入れます。もう一方の端をスタートとして1、2、3の3カ所ほどの出発点を決めます。そうしたら出発点からゴールまでを線でつなぐのです。線は途中で分かれ道があったり、合流があったり、行き止まりがあったりするように描きましょう。

3 線が完成したら、ゴール側を芯にして、巻物のようにくるくる巻いていきます。円筒形に巻いたら、スタートのところがちょっと見えるようにしておきます。これで完成です。

4 友達に「宝探しの探検に出かけないか？」と声をかけて誘います。乗ってきたら巻紙のスタート部分を見せて、この例だと1、2、3のどれかを選んでもらいます。選んだところを指で差してもらい、少しずつ巻紙をほどいていって、線を指でたどっていってもらうのです。途中で分岐点があったらほどくのをちょっと止め、コースをしっかりと選択してもらいます。こうして、行き止まりやさまざまな障害に出会ってしまったら探検は失敗、無事宝までたどれたら成功です。

コラム［ロールプレイングゲーム］

単純なゲームですし、何度もやると自然とコースを覚えてしまうのですが、逆に言えば何度も挑戦すれば誰でもクリアできるのがよいところです。設定によって、例えばジャングル探検だと、猛獣に遭ったり毒草にあたったり、北極探検だと、白熊に襲われたりクレバスに落ちたりと、いろいろな脚色ができるのも楽しいです。中学生の頃は、モンスターに遭ったらサイコロを振って特定の目が出たらクリア、などの工夫もしました。のちに出てくるゲームブックを冊子版とするならば、その巻物版のようでしたね。
その後ロールプレイングゲームを知ってからは、プレイヤーにライフポイントとお金を与え、途中で薬草を拾ったらライフポイントが増え、店で武器を買ったりし、モンスターに出会うとダイス目によってライフが減ったり装備が増えたりするルールを工夫し、「ロール(role)プレイングゲーム」と称して遊んでいました。ほとんどお金もかからず、工夫と根気だけで世界を創造でき、楽しく遊べるゲームです。あなたもいかがですか？

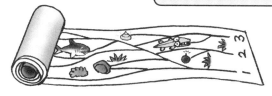

三山<ruby>み<rt></rt></ruby>くずし

3つの山をくずすから三山くずし

「ニム」とも呼ばれる2人用ゲームです。碁石がなければおはじきでもOK。昔はマッチ棒でやりましたが、最近はマッチ棒など見かけなくなってしまいましたね。ただの小石でもできますよ。

2人 | **低学年〜**

準備するもの

□ 碁石 15個（おはじきでも可）

遊びかた

1 15個の碁石を、3個、5個、7個の3つの山に分けます。
（横一列が1つの「山」です）

↓こんな感じ

2 じゃんけんで先手を決め、一手ずつ交互にプレイします。

3 1つの山から好きなだけ石を取り去っていきます。1個だけ取っても、一山全部取ってもかまいません。いくつ取ってもいいのですが、パスはできません。また、2つの山にまたがって取ることもできません。取れるのはどれか1つの山だけ。
そうして、最後に取ったほうが負け。逆にいえば、相手に1個残せれば勝ちです。

必ず1個以上取ってください。

ポイント

例えばこんなふうに

最初はこう→ ●●●
　　　　　　●●●●●
　　　　　　●●●●●●●

① A君とB君がじゃんけんをして、A君が勝ちました。A君からプレイ開始。

② A君は下の山から7個全部取りました。次にB君は中の山から2つ取りました。

●●●
●●○○●
○○○○○○○

③ A君は中の山から1つ取りました。B君は上の山から1つ取りました。

●●○
●●○○○
○○○○○○○

④ A君は上の山から1つ取りました。B君は中の山を2つとも取ってしまいました。

●○○
○○○○○
○○○○○○○

⑤ A君は最後の1個を取ることになります。つまり、A君の負けです。

マルバツ

2人 幼児〜

誰もが知っている三目並べ!

井の字のマスに、縦か横か斜めに、早く3つ並べたほうが勝ちです。「ノーツアンドクロス」とか「ティックタックトゥ」などという呼び名もあります。

準備するもの

□ 筆記用具、紙

遊びかた

1 紙に3×3のマス目を描き、先手が○、後手が×として、交互に一手ずつマス目に打ちます。

2 縦でも横でも斜めでもいいので、一直線に3つ並べれば勝ち。

○が斜めに並んだから勝ち!

ポイント

こんな簡単な遊びでも、小さな子とやると、とても面白がることも。また大きい子どもが相手なら、第一手はどこが有利か、などと一緒に研究するのも面白いですよ。
【マルバツ】は先手が有利ですが、後手も頑張れば、必ず引き分けには持ち込めます。ただし、後手が勝つのは至難のワザで、先手がよほど間違えない限りは勝てません。

バリエーション

【バツマル】

【マルバツ】と同じ意味で使われることもありますが、ここではそうではなく、勝ち負けを逆転させた【マルバツ】のことです。つまり、縦でも横でも斜めでも、一直線に3つ並べたら負けなのです。勝つためには相手に3つ並ばせればいいのです。
【マルバツ】も【バツマル】もパスはできませんので、やむを得ず3つ並べるハメにな

ったほうの負けです。
【バツマル】はまた【マルバツ】とは逆に、先手ががぜん不利。実はうまく引き分けに持ち込む方法はあるのですが、最初はなかなかわかりません。先手と後手と交互に何回もやっていると、よい方法が見えてきます。それまではおとなも十分楽しめます。

豚のしっぽ

4人 低学年〜

簡単なルールで意外に戦略的

【豚のしっぽ】と呼ばれるゲームはいろいろありますが、これはその中でも意外に頭を使います。いつもみんなの手持ちのカード枚数を考えて、自分のプレイを判断しなければなりません。4人限定です。

準備するもの

- トランプ 52枚（ジョーカーを除く）

遊びかた

1. トランプのジョーカーを除いたカード52枚をよく切り交ぜ、伏せたまま帯状に広げます（山札）。

2. 最初にプレイする人を決め、その人から時計回りに進みます。

3. 手番になったら、山札から1枚引いて場に表にして置きます。次の人も同じように山札から1枚引いて表にし、場札に重ねます。

4. このときに引いたカードが、直前の場札と同じ色か同じ数字（ランク）の場合は、場札を全部取らなければなりません。これが手札になります。手札がある場合には、山札から引く代わりに手札から出すこともできます。その場合も、直前（つまり一番上）の場札と同じ色、または同じ数字の場合は場札をすべて取らなければなりません。

5. このようにして最後の1枚がめくられたら（それで場札を取る場合もある）、ゲームが終了します。各自手札を数えて、枚数の少ない順に順位がつきます。

> 同じスート（マーク）ではなく、同じ色だというところに注意してください。
> 例えば最初の人がハートのJをめくったとして、次の人がハートかダイヤかJをめくったら、2枚とも取らなければなりません。

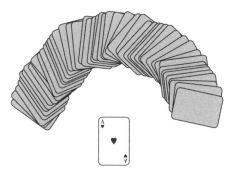

室内遊び

セブンスペード

スペードを引けば勝つ、ダウトゲーム

1回の勝負が1分かからない（こともある）スピーディーな遊びです。スペードを引けば勝ちですが、4分の1の確率なので適当にウソを混ぜないと勝てません。でもウソがばれたらたちまち負けに。

2～6人（3人以上がおすすめ） **高学年～**

|||||||||||| 準備するもの ||||||||||||

☐ トランプ 52枚（ジョーカーを除く）
☐ チップ 人数×2枚＋1枚

|||||||||||| 遊びかた ||||||||||||

※2人で遊ぶ場合

1 じゃんけんなどで親を決めます。親は52枚のカードをよく切り交ぜて、子にカットしてもらいます。カットが済んだら、そのまま全部のカードを伏せたまま中央に重ねて置き、山札とします。

2 子は、山札の一番上のカードを親に見えないように引き、自分だけ見ます。もしそれがスペードだったら、「スペードです」と言って自分の前に伏せて置きます。親はそれに対して「ダウト（ウソだ！）」が言えます（言わなくてもよい）。

3 引いたカードがもしスペードでなかったら、正直に「ハートです」などと言って、表にして山札の隣に捨てます（捨て札）。でも、ウソをついて「スペードです」と言って自分の前に伏せて置いてもいいのです（親はそれに対して「ダウト」が言えます）。

4 ダウトが言われなかった場合、今度は親の番です。親も山札の一番上のカードを引いて「スペードです」と自分の前に伏せて置いてもいいし（子も「ダウト」が言えます）、正直に「ダイヤです」などと言って捨て札にしてもいいのです。

5 ダウトがない限り、交互に1枚ずつ引いて自分だけで見て、自分の前に伏せて置くか、表にして捨てるかします。ただしスペードは捨てることができません。自分の前に6枚伏せたカードを置いたら、7枚目をめくることによって勝ちとなります。7枚目はウソをつくことができません。スペード以外なら正直に「クラブです」などと言って捨て札にし、スペードだったら、勝ちとなります。

6 ダウトがあったらどうでしょう。一方が「スペードです」とカードを伏せて置いたとき、相手は「ダウト」と言えます。ダウトと言えるのは今出されたカードに対してだけで「さっきのカードにダウト」ということはできません。
ダウトと言われたら、そのカードを表にします。本当にスペードだったらダウトと言った人の負けです。スペードでなかったら、ダウトと言った人の勝ちになります。

7 勝負がついたら親と子を交代し、全部のカードを切り交ぜて2ディール目を始めます。

※3～6人で遊ぶ場合

1 はじめに中央（ポット）に全部のチップを置きます。

2 遊ぶ人数によって、「勝利条件」の枚数が変わります。

「勝利条件」
（遊ぶ人数による「勝ち」になる枚数）
※トランプを1組（52枚）使う

2人：7枚目のスペードをめくった人
3人：5枚目のスペードをめくった人
4人：4枚目のスペードをめくった人
5人：3枚目のスペードをめくった人
6人：3枚目のスペードをめくった人

3 親はカードをよく切り交ぜ、右隣のプレイヤーにカットしてもらいます。全部のカードを伏せたまま中央のポットの隣に重ねて置き、山札とします。

4 親の左隣のプレイヤーは、山札の一番上のカードを引いて自分だけで見ます。そしてスペードが出た場合は「スペードです」と言って自分の前に伏せて置きます。スペード以外が出た場合は、表にして山札の隣に捨て札にするか、「スペードです」とウソをついて自分の前に伏せて置きます（スペードは捨て札にできません）。伏せて置いた場合は、誰でも「ダウト」を言うことができます。

5 ダウトがなければ、そのまま左の人の番になり、時計回り順に手番が進みます。

6 もし「ダウト」と言われたら、直ちにダウトと言われたカードを表にします。ダウトをかけられるのは、たった今伏せられたカードに対してだけです。ダウトは順番に関係なく誰でもかけられます（ただし脱落している人は、かけられません）。そのカードがスペードでなかったら、ウソがバレたのでその人はこのディールからは脱落します。もしそのカードが本当にスペードだったら、正直者を疑ったので今度はダウトをかけた人が脱落します。ダウトをかけられた人はもちろん脱落はしませんが、そのときに疑われて表になったスペードは捨てられます。

7 このようにして脱落していない人だけでゲームを進め、誰かが勝利条件の枚数のスペードをめくれば、その人の勝ちで1チップを得ます。
1人を除いてすべての人が脱落しても終わりで、残った1人が1チップをポットから獲得します。

8 ディールが終わったら、前の親の左隣が新しい親となり、すべてのカードを集めて切り交ぜます。脱落した人も復帰します。
以下、**3**から繰り返します。

9 こうして誰かが3チップを獲得したら、その人の最終的な勝利です。

ポイント

□ 2人以上がダウトをかけた場合は、早く発声したほうのダウトが有効になります。
全く同時だと判断されるような場合は、2人でダウトをかけたことにします。もし疑われたカードがスペードなら、2人が脱落します。

□「勝ち」になる最後の1枚は、ウソはつけません。4人なら、3枚伏せて出した人は4枚目のスペードは表にして出して勝ちになります。スペード以外は捨てなければなりません。

□ ダウトを言うのは早い者勝ち。どんどんめくってしまうのではなく、「スペードです」と言ったあとには、ちょっぴり時間をおくといいでしょう。ただしあまり長くなく。

室内遊び

オーサー

情報集めと推理のゲーム

いわゆる「家族合わせ」です。質問をするとき、必ず同じランクのカードを1枚は持っていること。そのおかげで他の人の手札が推理できます。ここを間違えるとゲームにならないので注意！

4〜8人 高学年〜

|||||||||||||| 準備するもの ||||||||||||||

☐ トランプ 52枚（ジョーカーを除く）

|||||||||||||| 遊びかた ||||||||||||||

1 じゃんけんなどで、親を決めます。親は52枚のカードをよく切り交ぜ、伏せて全員に配ります（枚数に差が出てもかまいません）。

2 配られたカードを見て、同じ数字が4枚そろっているかどうかを確認します。例えば、Jが4枚そろったとします。表に出してこれで1点です。

3 次に親の左隣の人から他の人にカードを請求します。「○○さん、ハートの7をください」というようにです。指名された○○さんがそのカードを持っていたら、正直にカードを表にして請求した人に渡します。当たったら続けて請求できます。そうして4枚そろったら表に出します。ひとそろい（1ブック）ごとに1点です。

4 請求された人がそのカードを持っていないときは「ありません」と言います。そこで請求した人の手番は終わり、左隣の人の手番になります。

5 これを繰り返して全員の手札がなくなったら、4枚そろいを一番多く出した人（つまり、点数を多く取った人）の勝ちになります。

「請求」には、正確に答えなくてはなりません。「ハートの7」と言われたら、スペードの7やダイヤの7があっても「ありません」と言います。

ポイント

☐ 請求する人は、必ず同じランク（数字）のカードを最低1枚は持っていなければなりません。

☐ 続けて請求する場合、同じ人へでも違う人へでも、同じランクのカードでも違うランクのカードでも、かまいません。

第3章

掛合(かけや)トランプ

4人 高学年〜

オランダ医学とともに伝わった遊び

島根県雲南市掛合町で、280年にわたって遊び継がれているトランプゲーム。正式には「絵取り」といい、この地の医師の清水葦庵(いあん)が長崎の出島に留学して1732年に持ち帰ったとされています。

準備するもの

- トランプ 52枚（ジョーカーを除く）
- チップ 10枚

遊びかた

プレイヤー2人が組んで競うペア戦です。それぞれのペアが5枚のチップを持ち、1ディールごとに絵札を多く集めます。トリックテイキングのルールで、強い札が絵札を取っていき、最終的に相手のチップを全部奪ったペアの勝ちです。

1 最初はくじなどでディーラーを決め、1人13枚ずつカードを配ります。

> 2回目からは、負けたペアがディーラーになります。

2 ディーラーの右隣の人は手札から1枚札を出し（これをリードといいます）、そのあとは反時計回りでリードと同じスート（マーク）のカードを出していきます。

ポイント

このゲームの絵札は、A、K、Q、Jの16枚。一番強いのは♠Aで、「れんしょ」と呼ばれます。次は切り札で♣です。切り札の強さは、（強）A→K→Q→J→10→9→8……3→2（弱）の順で、♣Aが♠Aに次ぐ2番目に強いカードです。この順序は切り札以外の♡◇でも同様です。勝負は、れんしょが出ていればれんしょの勝ち！ れんしょがなく切り札が出ていれば、より強い切り札の勝ち。

れんしょも切り札もなければ、リードされたマークで一番強い札の勝ち。

3 4枚そろったらカードの強さを比べます。一番強いカードを出した人が、出された札を全部取って手元に置き、次のリードになります。

> - 取った絵札は表にして並べ、他の札は脇に置く。
> - リードされたスートと同じスートのカードがあれば、必ず出す。
> - 同じスートのカードがなければ、代わりにどれか1枚選んで出す。

4 2,3を繰り返し、最後に絵札が多いペアが勝ちで、チップをもらう。
①絵札を9〜11枚取ったらチップを1枚、12〜15枚取ったらチップは2枚、16枚取ったらチップは4枚もらう。
②♠Aも♣Aもないペアが勝ったら、さらにもう1チップ。さらに♡Aも◇Aもないならもう1チップもらう。
③同数（絵札を両者が8枚ずつ取った）なら、♠Aのないほうの勝ち。この場合②も適用。

5 2,3,4を繰り返し、相手のチームからすべてのチップを奪ったほうの勝ち。時間で切るなら、チップの多いペアの勝ちです。

室内遊び

ドミノ

2〜6人　低学年〜

【ドミノ】はドミノ倒しだけではない！

【ドミノ】といえばドミノ倒しを思い浮かべがちですが、ドミノ牌（はい）は本来ゲームの道具。おもちゃ屋さんなどで1000円程度で手に入ります。今回は一番簡単な【ドロードミノ】を紹介します。

||||||||||||| 準備するもの |||||||||||||

□ ドミノ 一式（市販品）

※ドミノは縦が横の長さの倍ある牌で、28枚で1セット。1つ1つにサイコロの目のような数が刻まれていて、サイコロと違い0があります。牌は、
66 65 64 63 62 61 60 55 54
53 52 51 50 44 43 42 41 40
33 32 31 30 22 21 20 11 10
00 の28種類（点を数字に直してあります）。

||||||||||||| 遊びかた |||||||||||||

1 28枚のドミノ牌を裏にしてよく交ぜて1枚ずつ引き、牌の数字の大きいほうの数字を比べます。

> 大きな数字が同じなら、小さいほうの数字を比べよう。

一番数字の大きな人が最初の親になります。

2 再びすべての牌を伏せて交ぜ、2人なら7枚ずつ、3人なら6枚ずつ、4人なら5枚ずつ、5人なら4枚ずつ引いて、自分の手札とします。見るのは自分だけで他の人には見せません。

> 残ったドミノは山札なので、伏せたまま脇に置いておこう。

3 まず、親は手札から好きな牌を1枚、表にして出します。

4 次は親の左側の人です。親の出した牌の数字のどちらかと同じ数字の牌を出し、同じように時計回りに1人1枚ずつ手札を出していきます。

> 親が 32 の牌を出したら、次は 22 24 53 などを出します。
> 33 22 などのぞろ目を出すときは、端の目に直交するように置きます。

5 同じ要領で続けます。

↑ここにもつく

32 22　　32 22 24

↑ここにもつく

> ぞろ目につなげるときは交差するように出し、その後は枝分かれもできます。
> 途中で手札から出せる牌のないときは、山札から出せる牌が出るまで引き続けます。出せる牌があるのに、わざと引くのはNG。出せる牌を引いたら、すぐ出します。
> ただし、山札の最後の1枚（奇数人数でやる場合）か2枚（偶数人数でやる場合）は、引かずに残します。引けるだけ引いても出せない場合はパスをします。

6 最初に手札をなくした人が「上がり」で勝ち。すぐに採点します。上がらなかった人は手札に残った目の数だけマイナス。 40 と 31 が残れば−8点です。上がった人は、残りの全員のマイナス点の合計がプラスとしてつきます。

チェッカー

海外ではとても盛んなゲーム

古代エジプトに起源をもつとも言われる歴史あるゲーム。世界中で楽しまれていて、「チェッカー」と呼ぶのは日本とアメリカ合衆国くらい。「ドラフツ」「ダーメ」「ダマ」などと呼ぶ地域が多いです。

2人　高学年〜

準備するもの

□ チェッカー 一式（市販品）

※チェッカーは、普通8×8の64マスの盤か10×10の100マスの盤でプレイされますが、もっと大きな盤もあります。盤面は市松模様、つまり濃い色と薄い色が交互になった、いわゆるチェッカー模様に塗り分けられています。

遊びかた

1. 盤を自分から見て右手前隅が薄い色になるように置きます。

2. 2色それぞれ12個ずつのコマを濃い色のマスに並べます（64マスの盤の場合は、下図の通り）。

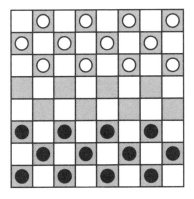

3. 濃い色（黒）のコマを先手とします。

4. コマは、斜め前のマスがあいていればそこへ1歩前進します。

後ろへ下がったり、真横に進んだり、まっすぐ進んだりはできないよ！

5. すぐ斜め前に敵のコマがあって、その向こうが空いていればそこへジャンプして、跳び越した敵のコマを取ることができます。

並んだ2個を一度に跳び越すことはできませんが、1つおきに並んだ敵のコマを、カエル跳びのようにピョンピョン跳んで、続けて2個以上取ることができます。
自分のコマを跳び越すことはできません。また跳び越せるときは、必ず跳び越して取らなければなりません。

6. 一番奥まで進めば、コマを裏返して成ります。成ると斜め後ろにも1歩進めるようになり、もちろん後ろ向きに跳び越すこともできるのです。

7. 相手のコマをすべて取ってしまうか、動けなくすれば勝ちです。

ポイント

チェッカーは、明治のはじめに伝来し、「跳び碁」などと呼ばれました。勝負が地味なうえに、高度な技術が伝来されなかったため、日本は世界でもプレイヤーの少ない珍しい国です。ルールはこれ以外のものもいろいろあります。

室内遊び

青冠
（あおかんむり）

4人 低学年～

百人一首でカードゲーム

百人一首の絵札（読み札）だけを使った、日本の伝統的なゲームです。最初に絵札の確認をしてから始めましょう。百人一首には、かるた取りと坊主めくり以外にも、こんな面白い遊び方もあるのです。

準備するもの

☐ 百人一首（絵札のみ使用）100枚

【札の種類】

黒冠（青冠） 　姫　 　坊主

立烏帽子 　横烏帽子 　矢五郎

☆特殊札
天智天皇（黒冠ではなくなる）
すべての札を受けることができる。また、これで攻められると次の人は必ずパスをしなければなりません。

持統天皇（姫ではなくなる）
天智天皇以外のすべての札を受けることができる。これで攻められると天智天皇以外では受けられません。

遊びかた

1 4人でプレイします。向かいどうしの2人がペアになり、親を1人決めます。

2 絵札を裏にしてよく交ぜ、各自25枚ずつ取って手札にします。

3 親は最初に手札から1枚表にして場に出します。次のプレイヤー（親の右隣。反時計回りに進行）は、それと同じ種類のカードを手札から出します（これを「受ける」と言います）。

4 受けることができたら、次は受けた人がさらに右隣に対して攻めます。好きなカードを手札から出すのです。つまり、受けたときは2枚出すことになります。

5 受けられないとき、あるいは受けられても受けたくないときは、パスします。

6 受けられれば攻めますが、パスした場合は次の右隣の人は受ける必要がないので、攻めるだけになります（手札を1枚だけ出します）。このようにして、最初に手札をなくしたペア（うち1人でよい）の勝ち。

7 順に親を右隣に替えて2から繰り返し、先に3勝したペアの勝ちです。

ステッケムアップ

1枚のカードで挑む生き残りゲーム

【ステッケムアップ】とは、ホールドアップのスラングで「手を挙げろ」の意味とか。簡単で楽しい生き残りカードゲームで、今はどこにも売られていないので、ゆかいな絵を描いて自分で作りましょう。

5〜12人 低学年〜

|||||||||||||| 準備するもの ||||||||||||||

☐ 手製のカード 一式(4種類)
　※カードが区別できれば絵は自由。

　①手を挙げている市民……10枚
　②手を下ろしている市民……12枚
　③銃を撃っているガンマン……14枚
　④手を下ろしている保安官……4枚

|||||||||||||| 遊びかた ||||||||||||||

1 全員が車座に座り、最初に配る人を決めます。その人は、全部のカードを裏返しのままよく交ぜ、1人1枚ずつ反時計回りに配ります。

残りの札は裏のまま重ね、山札として中央に置きます。

2 配った人の右隣の人から順に手札を捨てて、山札から1枚拾います。

①と②の市民のカードを捨てるとき→皆に見せて捨て、山札から1枚引きます。

③のガンマンを捨てるとき→生き残っている誰かを指名し、ガンマンカードを表にしてつきつけ、「ズドン」と言って撃ちます。撃たれた人は、自分の手持ちのカードを公開します。それが①の手を挙げた市民なら何も起こりません。手札を自分に向け直して、自分の手番を待ってください。撃たれたのが②の手を下ろしている市民や④の保安官なら、弾に当たってしまったのでゲームから抜けます。どちらも、撃ったガンマンのほうはカードを捨てて1枚山札から札を引き、右隣の人の番になります。しかし撃たれた人も③のガンマンだった場合は、そのカードをいったん公開し、「ズドン」と言って撃ったガンマンを撃ち返します。この場合先に撃ったほうのガンマンがゲームから抜けます。撃ち返したガンマンは、手札を自分に向け直して、自分の手番を待ちます。生き残りますが、正体はバレます。もし無事に自分の番がきたら、生き残っている誰かを撃ちます。

④の保安官を持っているとき→生き残っている誰かを指名し「逮捕する」と言います。指名された人が①②の市民のときは何も起こらず（見せるだけ）、③のガンマンなら逮捕されてゲームから抜け、④の保安官なら「誤認逮捕」です。その場合、先に「逮捕する」と言った人がゲームから抜けます。

3 このように1人ずつプレイヤーが減り、最後に残った人の勝ち。途中で山札がなくなったら、捨てられた札を集めて交ぜ、新しい山札にします。

市民　　市民　　ガンマン　保安官

室内遊び

ごいた

4人 低学年〜

能登半島に伝わる伝統ゲーム

ペア戦の少ない日本のゲーム類の中で、ペア戦を実践できる貴重なゲームです。ルールは簡単で、敵の手を読む楽しさも味わえ、家族でも楽しめます。

準備するもの

- ごいたカード　32枚
  （市販品。あるいは専用コマ）

遊びかた

1 ペア（相方）を決め、仲間どうしが向かい合って座ります。

2 じゃんけんなどで最初の親を決めます。親はよく切り交ぜた32枚のカード（コマ）を反時計回りに1枚ずつ伏せて配り、1人8枚の手札にします。カードの種類と枚数は以下の通りです。

カード（コマ）の種類と枚数

（上がり点）
王（おう）　……………　2枚（50点）
※「香」、「し」以外は受けられます。
飛（ひしゃ）……………　2枚（40点）
角（かく）　……………　2枚（40点）
金（きん）　……………　4枚（30点）
銀（ぎん）　……………　4枚（30点）
馬（ばっこ）……………　4枚（20点）
香（ごん）　……………　4枚（20点）
し（ふ）　………………　10枚（10点）

3 プレイは親から始まります。親は手札から好きな1枚を選んで伏せて出し、次に表にして1枚出します。あとから出したほうの1枚が、次の人への「攻撃」です。

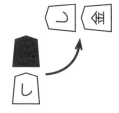

4 手番は反時計回りに進みます。次の人はパスをするか、攻撃に出されたカードと同じ種類（または「王」）の手札を出して攻撃を「受ける」かの、どちらかをします。

- □ ここでパスをした場合
  その次の人が、その攻撃を受けるか、パスをするか選びます。

- □ 攻撃を受けた場合
  もう1枚手札から任意のカードを出して、新たに攻撃をします。

5 このように、順次攻撃したカードと同じ種類のカード（または「王」）を出して受け、受けられたら攻撃してというように、2枚ずつ手札を出してプレイしていく、またはパスをするかが続きます。

- □ ある人が攻撃して、次の人がパスをしてその次の人もパスをしたら、3人目が攻撃を受けます。もちろん3人目もパスしてもOK。

- □ ある攻撃に続いて3人パスした場合、自分で自分の攻撃を受ける必要はありません。攻撃した人は好きな手札を1枚伏せて出し、新たにもう1枚好きな手札を表にして出し、次の攻撃とします。このように、各自手札を減らしていき、誰かが手札の8枚目を出したら「上がり」。1ディール終了です。8枚目の札の種類で得点が決まります（**2**の表の「上がり点」を参照）。得点は、上がった人の属するペアにつきます。

6 再び使用したカードを集めて切り交ぜ、次のディールとなります。新しい親は、今上がった人（最後にカードを出した人）です。

7 3～6を繰り返して、合計で150点先取したペアが、最終的な勝利者です。

ポイント

□ パスは任意です。出せるカードがあってもパスしてもかまいません。多くの場合、味方（ペアの相方）の攻撃はパスしたほうがよいでしょう。しかし、相方の攻撃をあなたの左隣がパスした場合は、これを受けても、もちろんかまいません。受けてすぐ上がれるような場合は、味方の攻撃を受けることも多いようです。

□ 基本的に、「王」で攻撃はできません。ただし「王」を2枚持っている場合（その場合でもいきなり最初には攻撃できない）、あるいは既に1枚場に出されている場合には攻撃に使えます。「王」が攻撃に使われたら、残りの3人は必ずパスをすることになります。

□ 攻撃を受けるには同じカードを出さなければいけませんが、「王」は例外です。「王」は、「し」と「香」以外のすべての種類の攻撃を受けることができます（これを「切る」と言います）。「王」でも「し」と「香」は切れないので、「し」は「し」のみ、「香」は「香」のみで受けられることになります。もちろん「王」で切れるときでもパスしてもかまいません。

□ 手札の6枚目を出したときパスが3人続き、かつ7枚目と8枚目が同じ種類だった場合は、上がり点が2倍になります。7枚目と8枚目が同じ種類でも、7枚目で受けて8枚目で上がった場合は、2倍にはなりません。
例：「金」を伏せて「金」で上がったら60点。「金」で受けて「金」で上がったら30点。

□ 配られたカードのうち5枚が「し」の場合は、配り直しの要求ができます。これを「五し」と言います。要求があったらその相方（パートナー）が、配り直しをするかしないかを決定します。配り直しを選択したら、再び同じ人が親となりカードを集め切り交ぜて配り直します。配り直さないことを選択したら、そのまま普通にプレイが始まります。

□ 「手役」になったら必ず申告し、プレイには入らず次のディールに入ります。次の親には手役を作った人がなります。手役は次の4つです。

① 配られた手札に「し」が6枚ある→残りの2枚のうち、上がり点の高いほうの点を獲得する（六し）。

② 配られた手札に「し」が7枚ある→残りの1枚の上がり点の2倍の点を獲得する（七し）。

③ 配られた手札に「し」が8枚ある→100点を獲得する（八し）。

④ 配られた手札に「し」が5枚あり、配り直しを要求したら相方も「し」が5枚あった→即座にゲーム全体の最終的な勝者になる（十し）。

室内遊び

市場の商人

5〜10人 | 高学年〜

イタリアの子どもたちの遊び

日本ではお正月に近所や親類の子どもたちが集まって遊ぶように、イタリアではクリスマス前にお菓子を賭けて遊ぶとか。古い文献では、モーツァルトがイタリア旅行の際に遊んだという記録もあります。

準備するもの

- □ チップ　人数×50枚ぐらい
- □ カード　各色15枚ぐらいずつ
- □ 景品　お菓子など

※ 本来なら海外で市販されている【市場の商人】カードを使いますが、輸入するのも大変なので自作しましょう。同じ大きさに切った色紙を、赤15枚、青15枚というようにそれぞれ15枚ずつ用意し、15種類の絵を描きます。つまり、各色で机、太陽、傘……といった15種類の絵のカードができます。遊ぶ人数が多いときは、絵の種類を増やして、カードを足します。

遊びかた

1 親を決め、「商人」と呼びます。全員にチップを同じ枚数（50枚ぐらいずつ）配ります。

2 それぞれの色のカードを山札として積みます。商人は片方の山の一番上のカードをめくり、競りが始まります。もう一方の山は伏せて置いておきます。

つまり、オークションだね！

3 最初に全員手持ちのチップから5枚を中央に出します。これがポットです。商人も競りに参加できます。

4 商人がめくったカードをみんなで「1チップ」「5チップ」「10チップ」というように競り、最も高値をつけた人がチップをポットに払い、競り落としたカードを表にして自分の前に並べます。
こうして商人は片方の山の15枚のカードを全部売り切ります。

手持ちのチップ以上の値を付けるのはNG！

5 商人は2で伏せておいたもう一方の山のカードを裏のまま並べ、ポットに集まったチップを適当に配分します

例えば300チップあったら、最後の1枚に1チップ、最後から2枚目に100チップ、3枚目に50チップ、4枚目に40チップと減らして、数枚ははずれでチップ0枚です。

6 商人ははずれのカードからめくっていきます。チップの乗っているカードと同じ絵のカードを買った人はそのチップをもらえます。最後に最も多くのチップを持っている人が勝ちで、景品がもらえます。

イタリアのカード

第4章
パーティー
ゲーム

みんなで遊べる「パーティーゲーム」。
どれも大勢でワイワイ言いながら、
大いに盛り上がるゲームばかりです。

100	はなはな	113	どびん
101	大きいちょうちん	114	ちゃびん
102	ものはづけ	115	魚鳥木
103	あたまとり	116	王様じゃんけん
104	フラッシュ	118	大金持ち
106	好きですか? 嫌いですか?	119	5つの命
107	頭足類	120	追いかけハチマキ
108	人名地名	121	ハンカチ落とし
110	古今東西	122	フルーツバスケット
111	古今南北	123	満員電車
112	詠み人知らず	124	ホッキー

はなはな

2人〜　幼児〜

はなはな……つまり「鼻鼻」

リーダー対コドモで楽しむ遊びの1つ。間違えずにできれば勝ち、間違えてしまった人が負けというシンプルなゲームです。小さい子と楽しく遊べます。

遊びかた

1 リーダーとコドモは向かい合います。リーダーは自分の鼻を自分の人差し指で指し、コドモにも同じ格好をしてもらいます。

2 そしてリーダーは「はな、はな、はな、はな……目！」のように言いながら、最後に顔や体の一部を指します。この「……目！」のところは、もちろん「口」でも「耳」でも「おへそ」でも「鼻」でも「肩」でもかまいません。コドモはリーダーの言った場所をすぐに指します。

3 しかし、リーダーはあらかじめ「私は（わざと）間違えるかもしれないよ」と言っておきます。そして「はな、はな、はな、はな……口！」と言いながら耳を指したりすると、コドモの中の何人かはつい耳を指してしまい、笑いが起こることになります。このようにして、できてもできなくても、リーダーとコドモで再び鼻を指し「はな、はな、はな、はな……」と繰り返して遊びます。

> この遊びの初級編として【とんだとんだ】【おちたおちた】、上級編として次のページで紹介する【大きいちょうちん】があります。

はな はな はな はな…目！

大きいちょうちん

2人〜　幼児〜

言葉と逆の動作につられてしまう

これも【はなはな】と同じく、リーダー対コドモで対戦しますが、ずっと難易度が高いです。言葉と動作を逆に表現し、その混乱が起きることを楽しむ遊びです。

|||||||||||||||| 遊びかた ||||||||||||||||

1 両手を胸の前に出して、手のひらが平行に数センチだけ離れて向かい合うようにします。これが「大きいちょうちん」です。そしてちょうど肩幅くらいに手のひらを離したものが「小さいちょうちん」になります。つまり大きい、小さいの言葉と、ちょうちんの大きさが逆になっているところがポイントです。

2 リーダーはランダムに「大きいちょうちん」と「小さいちょうちん」を取り交ぜて言いながら、みんなに一緒に動作をさせます。リーダーは「大きいちょうちん」と言いながら、手を大きく開くなどして、コドモたちをひっかけます。これを繰り返しながら遊びます。

面白いように引っかかるので、盛り上がるよ！

人間は「大きい」といわれると、ついつい大きくしてしまうもので、思いのほか難しい遊びになります。混乱が起きるため、合っていることをその都度確認したり、「大きいちょうちん」はこれですよ、「小さいちょうちん」はこれですよというように、時々確認の作業を入れるといいでしょう。

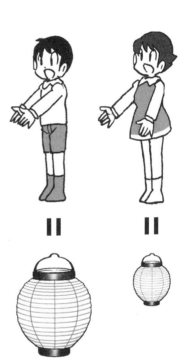

パーティーゲーム

ものはづけ

忘れられた(?)日本の伝統言葉遊び

謎を出して、それについて解答するシンプルな言葉遊びです。お母さんと子ども、先生と児童たち、恋人どうし、誰とでもどんなときでも遊べます。

2人〜　幼児〜

遊びかた

1 ルールというほどのルールはありません。「○○なものは(何)?」とたずねて、それに対して答えてもらうだけです。例えば「赤いものは?」「おいしいものは?」「怖いものは?」などです。

それだけでゲームになるかって?
驚くべきことになるんだよ!

2 1人対1人でも、1人対大勢でも、複数対複数でも、工夫次第で自由に遊べます。制限時間などを設ければそのままゲームになりますが、あえてそうしなくてもよいでしょう。

年齢が高いほど、抽象的な単語が面白くなります。「細かいものは?」「悔しいものは?」「ひねくれたものは?」「一番大切なものは?」「意地悪なものは?」などとたずねると、意外な人間関係や深層心理などがえぐり出されて怖いことすらあります。なんにせよ、これだけで遊べるのだという再発見には驚かされます。

あたまとり

2〜5人 低学年〜

しりとりの難易度高めバリエーション

日本人なら誰でも知っている【しりとり】は、音節言語である日本語の特徴に即した遊びで、撥音（はつおん）「ん」の存在がこの遊びをゲームにしています。

遊びかた

1 【しりとり】のたくさんあるバリエーションの中の1つです。「ABC」のCで始まる言葉を考えるのが「しりとり」で、Aで終わる言葉を考えるのが【あたまとり】になります。【しりとり】の逆のような遊びです。以下のようにして、言葉を次の人につなげていきます。

しりとり→かかし→さっか→あまがさ→ココア……

2 一度言われたものを言ってしまったらアウトです。これらを続けて遊びます。

大勢で遊べば、団体戦などもできるよ！

ただこれだけの工夫なのに、【しりとり】よりずっと難しい遊びになるところが面白いですね。

パーティーゲーム

フラッシュ

3～30人 | 低学年～

簡単で盛り上がる!

人数はたくさんいればいるほど面白い!「お題」から連想される言葉を1分間で8つ書き出します。みんなと同じ言葉が多ければ点数も高い仕組み。あなたの常識人度合いがわかる!?

|||||||||||||| **準備するもの** ||||||||||||||

- □ 筆記用具、紙 人数分
- □ タイマー
  （1分でアラームが鳴らせるものなら何でも）

|||||||||||||| **遊びかた** ||||||||||||||

1 筆記用具と紙を全員に配布します。まず、誰かが「お題」を出します。例えば「夏休み」としましょう。

2 お題が発表されたらタイマーを1分にセットします。そして「夏休み」から連想される単語を8つ、1分以内に自分の用紙に書き出します。例えば「海」「プール」「キャンプ」「宿題」「おばあちゃんち」「太陽」「花火」「かき氷」……など。

まったく同じ言葉を2回以上書くのは反則です。

3 1分たったら「やめ!」と声をかけ、答え合わせに入ります。端から順番に自分の書いた単語のうち、他の人にまだ読まれていない単語を1人1つずつ読み上げていきます。
このとき、同じ単語を書いた人数が点数になります。もらった点数は自分の紙にメモしておきます。

例えば「海」と書いた人が10人いたら、その10人が全員10点ずつもらえることになるよ!

4 言われていない単語がなくなるまで、答え合わせをしていきます。

ポイント

単語は一字一句同じでなくてはなりません。例えば「キャンプ場」と「キャンプ」は違います。「キャンプ場」が7人いたら、その7人はそれぞれ7点、「キャンプ」が3人いたら、その3人はそれぞれ3点です。
「キャンプ」と「キャンプ場」で、合わせて10点にはなりません。

第4章

5 自分1人しか書いていない場合は1点です。また、時間がなくて書けなかった場合は0点です。8つ違った単語を書けば、確実に8点は取れるということです。

6 逆に、耳で聞いて同じなら同じ単語とみなします。例えば「はなび」でも「花火」でも「ハナビ」でも、同じ単語として扱います。ただし、「柿」と「牡蠣」のような同音異義語は、違う単語です。
※わかりにくいので、同音異義語はなるべくさけましょう。

7 こうして全員の採点をして、点数を一番多く取った人が勝ちです。

お題を変えて何回戦かやり、合計点数の多い人の勝ちとしてもいいでしょう。

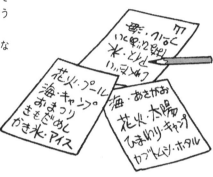

コラム［パーティーゲーム］

パーティーゲームとは、大人数でワイワイ遊べる、ルールのやさしいゲームを指します。もちろんパーティーに使えるような、あるいはパーティーを盛り上げるようなゲームということです。単に大人数用のゲームという意味ではあまり使いません。ですから、ここで心すべきことは、パーティーが主でゲームは従ということです。

とすると、まず大切なことは、大勢の人にその場でルールがよく理解できるゲームであるということです。また、あまり暗い内容や深刻なテーマは不向きです。例えば【人狼】は大勢で楽しむゲーム、ある程度の人数がいないと楽しめないゲームなので、大人数ゲームという言い方はできるでしょうが、パーティーゲームとは普通は見ません。

もちろんそこに集まっている人たちにもよるので一概には言えないのですが、多くの場合はそうです。

これはゲームを紹介する側の留意点にもなります。みんなで楽しむためには、雰囲気を盛り上げ、全員がルールをよくのみ込んで始める必要があります。あまり攻撃的なゲームや、プレイが1人に集中するようなゲームもよくありませんね。また、パーティーにはさまざまな人がいますので、それをよく踏まえる必要があります。説明の仕方も、大きな図や表を使ったり紹介側がモデルになったりして、少しだけやってみせるなどの工夫が望まれます。また、ちょっとした賞品を用意したり、結果発表の演出をしたりなどの工夫もいいですね。そうして紹介側を含めて、みんなでその場を楽しめれば、パーティーゲームは大成功なのです。

好きですか？嫌いですか？

クラスの「お楽しみ会」の定番！

クイズゲームですが、正解を答えるのが目的というより、質問に対するトンチンカンな回答をみんなで楽しむものです。でもその反応で正解が推理できるところが優れているのです。

5～50人　　低学年～

遊びかた

1 質問者と回答者の他に観客が必要なゲームです。ここでは教室でやるという想定で説明します。
質問者は、問題（答え）を紙に大きく書いて用意しておきます。

> 簡単な単語にします。「ラーメン」「宿題」「お金」「飴」「お母さん」「トイレ」「校長先生」など。個人名はやめましょう。低学年なら問題を作ってあげて。

2 質問者は、1問につき10個ずつ質問を考えます。1個目の質問は必ず「好きですか？ 嫌いですか？」で、10個目は必ず「これはなんですか？」なので、実質8つの質問を考えます。

> 質問は、「食べたことはありますか？」「あなたの家にありますか？」など。子どもの年齢に応じて、質問の数は増減してもいいでしょう。

ポイント

面白くなるコツは8つの質問の作り方にあります。前半は一般的なこと、縁のないことにして、だんだん具体的・限定的なことを聞きます。問題が「お母さん」なら、はじめは「食べたことがある」と答えて笑いが起き、それがヒントになり、8問目は「よくあなたを叱りますか？」「はい」で笑いを誘い、かつ正解にたどり着くというわけです。要するに質問もヒント、観客の反応もヒントなのです。

3 観客の中から1人回答者を募り、黒板の前に出てきて逆向きに置いたイスに座ってもらいます（観客と対面する形になります）。
質問者は回答者に「後ろを見てはいけません」、観客には「答えを言ってはいけません」と注意して、回答者の後ろ（黒板側）に1の問題の紙を掲げて観客全員に見せます。つまり問題を知らないのは回答者だけになります。これを当てるのが回答者の目的です。
紙は観客が全員見たら、見えないようにしまいます。

4 質問者は「好きですか？嫌いですか」と1つ目の質問をします。回答者はなんだかわからないので、あてずっぽうに答えるしかありませんが、それが観客の笑いを誘ったり、うなずきを得たりします。

5 2つ目以降の質問を続け、回答者が答えていきます。10個目「これはなんですか？」と質問して、回答者が紙に書いてあった問題（答え）を答えられたら正解。正解してもはずれても1の紙を見せるとよいでしょう。終わったら、また別の回答者を募って2問目にいきます。

> 正解したら賞品をあげて、はずれたら残念賞をあげると盛り上がるよ。

頭足類（とうそくるい）

2〜20人 | 高学年〜

タコやイカのことではない

【頭足類】は、次のページの【人名地名】と同じようにカテゴリーゲームといわれる遊びです。筆者の友人の町田町子さん考案のゲームです。

‖‖‖‖‖ 準備するもの ‖‖‖‖‖

- ☐ 筆記用具、紙　人数分（表は、紙を折って作っても紙に書いてもいいでしょう）
- ☐ タイマー

‖‖‖‖‖ 遊びかた ‖‖‖‖‖

1 それぞれ下のような表を作ります。4×4のマスを描きましょう。

頭／足			

2 頭と足の2つのお題を募ります。足はなんでもいいのですが、頭は「ん」がついてはダメです。重複もないほうがいいでしょう。

3 例えば、頭「あさひ」、足「ゆうひ」としたら以下の表になります。

足＼頭	あ	さ	ひ
ゆ	①	②	③
う	④	⑤	⑥
ひ	⑦	⑧	⑨

①には「あ」で始まって「ゆ」で終わる単語、
②には「さ」で始まって「ゆ」で終わる単語、
③には「ひ」で始まって「ゆ」で終わる単語、
④には「あ」で始まって「う」で終わる単語
……
⑨には「ひ」で始まって「ひ」で終わる単語を考えて、時間内に表に書いていきます。

> 以下の例のように、時間内に表を埋めていきます。
> ①鮎
> ②白湯
> ③ひまし油
> ④アンコウ
> ⑨ヒヒ　など

4 時間がきたら描くのをやめて、答え合わせをします。空欄や誰も知らない単語は0点です。答えのうち1人だけが書いた言葉の場合は2点、同じ答えの人がいれば1点ずつとなります。ですから、時間があるなら、①「鮎」はやめて「朝湯」にしよう、などと工夫するわけです。

> 時間は10分ぐらい。タイマーがあると便利だよ！

足＼頭	あ	さ	ひ
ゆ	あゆ 2	さゆ 1	ひましゆ 2
う	あんこう 1	さぎそう 2	0
ひ	あさひ 1	さんかひ 2	ヒヒ 1

合計12点！

パーティーゲーム

人名地名

1〜20人　高学年〜

何人でも楽しめるカテゴリーゲーム

カテゴリーなどと呼ばれるゲームの一種で、1人でも遊べますし、10人、20人でもできます。それ以上になったらグループ戦が面白いです。ラジオ・テレビ・ネットなどを使えば何万人でも遊べます。

|||||||||||||||| **準備するもの** ||||||||||||||||

- □ 筆記用具、紙　人数分
（紙はB6かA5程度の大きさ）
- □ タイマー

|||||||||||||||| **遊びかた** ||||||||||||||||

1 例えば10人で遊ぶことにして説明しましょう。全員に筆記用具と紙を配ります。紙を半分に折り、また半分に折り、また半分に折り、また半分に折って、開きます。

2 折り目でできた左上の□に\を入れます。もしできたら「お題\カテゴリー」と書くといいでしょう。次に、その右隣のマスに「人名」その隣に「地名」その隣には何か適当なものをみんなで決めて入れます。

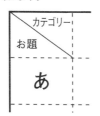

3 次は、\の下のマスですが、みんなからお題を出してもらいます。お題は3文字の言葉で、「ん」が入ってはいけません。また、「とまと」「バナナ」などのように同じ文字が入るのもNGです。例えば「あさひ」のようにします。

4 カテゴリーを「書名」、お題を「あさひ」にすると以下のようになります。

5 制限時間を決めて（ここでは「10分」とします）、一斉にマスに入る言葉を考えます。例えば■に、「『あ』で始まる人名」を入れるわけです。

事前に「人名はフルネーム」「架空の名前でもみんなが知っていればよい」「地名は、〜県、〜国などはつけない」というように、大まかなルールを決めておいた

カテゴリーは、例えば、動物名、植物名、書名など。「食べ物」などとするとやさしく、「病名」などとすると難しいでしょう。

ほうがよいでしょう。でも、それほど厳密でなくて大丈夫です。

6 10分たったら、順に発表します。「あ」で始まる人名は？
「阿倍仲麻呂」「相田みつを」などなど。
時間内にマスを埋められなかったり、その名称を知っている人がその場に1人もいなかったりしたら0点です。
また、まったく同じ答えが他にもあったら1点です。自分だけが書いて、しかもみんなが知っている（自分の他に1人以上知っている）名称を書けば2点です。

7 答え合わせが終わり、点数を合計して最も点の高い人の勝ちです。最高は18点です。

この答え合わせが面白い！
「ああ、それがあったか！」
「そんなやつ知らないぞ」
「ああ、かぶっちゃった、1点だ」
などと盛り上がりますよ。

コラム［採点ゲームいろいろ］

質問を出してその回答で採点するゲームが、何種類かあります。正解が得点すれば単なるクイズですが、これらはそうではありません。

□「1週間のうち一番甘い曜日は？」などという、答えようのない問題に答えます。答えは紙に書きます。採点の仕方によって違うゲームになります。

【デモクラシー】 同じ答えの人数がそのまま点になります。例えば「月曜日」と書いた人が6人いたら、6人とも6点です。1人しかいない答えを書くと1点です。
【モード】 一番多い答えを書いた人が1点ずつ、あとは0点。
【テレパシー】 2人が同じだとその2人に5点ずつ、3人だと3点ずつ、4人だと2点ずつ、5人だと1点ずつ。1人もしくは6人以上はみんな0点です。

□「東京都で、今、逆立ちしている人は何人？」のように数字で答えられる問題を出します。

【メジアン】 答えを大きい順番に並べて、真ん中の人が得点します。
【アベレージ】 平均を出し、平均に近い人が得点します。あまり極端な答えが出ないように範囲を決めたほうがよいでしょう。
【セカンドベスト】 上から2番目と下から2番目が得点します。

□「お正月といえば？」のような問題に1分間で8個回答し、同じ答えの人数分が得点になるのが、【フラッシュ】です。

古今東西
こ こん とう ざい

ワイワイ盛り上がる

簡単なパーティーゲームです。使うのはトランプでもチップでも紙を切ったもので作ってもよいのですが、トランプが手に入りやすく扱いやすいでしょう。

6～20人 | 高学年～

準備するもの

□ トランプ 人数×10枚ずつ

遊びかた

1 全員が車座に座り、トランプを10枚ずつ配っておきます。

> 10人なら100枚必要ですから、トランプが2組あればいいですね。

2 次に誰でもいいので、「お題」を思いついた人が手を挙げます。複数の候補がいたら1人に決めて、他の人は次回以降に出してもらいましょう。

3 お題を出す人は、前口上として「古今東西～」を頭につけ、お題を言い、そしてお題に適合するものを1つ言い、手持ちのトランプを1枚自分の前に出します。
例えば、「古今東西、山手線の駅名、新宿」と言いながら1枚出すのです。そうしたらその左隣の人があまり間を置かず、「品川」、さらに左隣の人が「大塚」などと言ってトランプを1枚ずつ出していきます。

> 以下、時計回りに「田町」「神田」「原宿」「秋葉原」などとカードを出しながら言っていくよ。

4 言いよどんだり、一度言われた駅名を言ったり、「御茶ノ水」などと山手線でない駅を言ったりしたらアウトで、それまで出されたトランプを全部引き取って、新たなお題の出し役になります(思いつかなければ他の人でもかまいません)。

5 こうして、誰かが手持ちのトランプをすべて出し切ったら終わりで、手持ちトランプの少ない順に順位がつきます。

古今南北（ここんなんぼく）

6〜20人 高学年〜

罠を仕掛けるのも楽しい

【古今南北】は、【古今東西】を『ワードバスケット』の作者の小林俊雄さんが、日本ゲーム協会の仲間と改作した傑作ゲームです。【古今東西】と違って、素早さは要求されません。

準備するもの

☐ 筆記用具、メモ用紙　人数分

遊びかた

1 全員が車座に座り、各自、筆記用具とメモ用紙を持ちます。

2 思いついた人がジャンルを決めます。例えば、「都道府県名」とか「世界の国名」とか。子どもが交じっていれば、「果物」とか、「四本足の動物」などにすると大人も子どもも楽しめます。

> 「源氏物語の帖の題名」とか、「百人一首の歌人」とか「元素の名称」など、メンバーに合わせたお題を考えるのも楽しい。「体に2つあるもの」など、ひねったものでも面白いです。

3 ジャンルが決まったら、それぞれジャンルに合わせたトラップワード（罠）を1つ決め、メモ用紙に書きます。他の人には知らせません。

> 例えば都道府県名なら、「岡山県」「長崎県」とか、あるいは直球で「東京都」といくか、人口の少なそうな「鳥取県」とか「島根県」とか？

4 ジャンルを決めた人から時計回りに「秋田県！」などと言っていきます。それが、誰もトラップワードに選んでいなければセーフです。自分がトラップワードにしたものは言えません。

また、一度言われたものも言えません。

5 誰かがトラップワードに選んでいればアウトで選んでいた人は「ドン！」と言いながら指をさします。そして、トラップワードの人に＋1点、当ててしまった人は－1点となります。たまたま2人がトラップワードに選んでいたら、－2点のように人数分の失点になります。

6 もし途中で当たっても、ジャンルを決めた人の右隣までは順番を回したほうがよいでしょう。誰も当たらなければ、2周目、3周目と進みますが、既に出たものは言えないので、難しくなります。

7 採点が終わったら、またジャンルを募集します。何回かやって合計点を争ってもよいでしょう。

パーティーゲーム

詠(よ)み人(びと)知(し)らず

創作言葉遊びの傑作

8～30人 | 低学年～

【詠み人知らず】は、ゲームサークル「かんぽ」のMYAさんが考案した傑作言葉遊びで、俳句(川柳)を作るゲームです。ここでは少しルールを簡略化しています。

準備するもの

- 筆記用具、紙　人数分
- 下敷き(必要なら)

遊びかた

※10人で遊ぶ場合の説明をします。

1 全員車座になり、それぞれに鉛筆と下敷きを配ります。

2 紙に①②③……⑩と番号をつけ、順に全員に配ります。

3 紙(例えば④の紙)がきたら、紙の右上に好きなひらがなを1文字書きます。全員が書き終えたら、その紙をみんなで右隣へ回します。

> 好きなひらがなならなんでもいいのですが、最初は「ん」や「っ」や「ー」はダメです。「きゃ」「にゅ」「ぴょ」等と書くのはかまいません。

4 ⑤の紙がきました。そこには既に1文字書いてあります。その下に1文字書き加えます。

> 今度は「ん」や「っ」や「ー」でもかまいません。ただし「ゃ」「ゅ」「ょ」は単独では書かないこと。

5 全員が2文字目を書いたら、みんなでその紙を右隣へ。

6 今度は⑥の紙がきました。3文字目を書いて回します。以下同じようにしていきますが、6文字目からは中の句、13文字目からは下の句なので行を替えて書きます。17回やると終了です。

7 このようにして10人なら全員で俳句を10首作り、できあがった句を1句ずつ発表しましょう。

ポイント

意味の通らないものばかりになってしまいそうですが、不思議と美しくまとまったものや「そこまで言うか」なんていう句ができたりして抱腹絶倒です。1人5票ぐらいずつもってみんなで投票し、秀作を決めましょう。

どびん

5〜20人　低学年〜

簡単そうでややこしい。頭の体操に

小学生でも、七の段の九九を覚えたらできます。逆に七の段の練習として遊ぶのもいいかもしれませんね。なんの関係もない「どびん」と言うのが面白いですね。

遊びかた

1 車座に座り（床でもイスを丸く並べて座ってもよい）、スタートの人を決めます。

2 スタートに当たった人は、みんなに聞こえるように、はっきりと「1」と言い、その右隣の人が同様に「2」と言います。さらにその右隣の人が「3」と言い、以下同様に、反時計回りで順に「4」、「5」、「6」と言っていきます。ただし、「7」と「7の倍数」「下一桁が7」のときには数字の代わりに「どびん」と言います。

3 間違えて「7」とか「17」などと言ってしまった場合は、カウントしておいて、その間違えた人が再び1から始めます。逆に「どびん」と言うべきでないときに言ってしまったり、違う数字を言ったり、長く言いよどんだりした場合も同じです。

4 「時間まで」「同じ人が3回間違えるまで」などと決めて遊んでもいいし、特に決めずに飽きるまでやってもいいでしょう。

つまりこんな感じ。
「1、2、3、4、5、6、どびん、8、9、10、11、12、13、どびん、15、16、どびん、18、19、20、どびん、22、23、24、25、26、どびん、どびん、29、30、31……」

ポイント

人数が少ない場合は、「どびん」と言いながら次に言う人を指し、指された人からまた反時計回りで進むというルールも面白いです。

パーティーゲーム

ちゃびん

小さい子でも楽しめる

【ちゃびん】は、前ページの【どびん】に似た遊びですが、【どびん】よりやさしいです。でも本当にはげ頭の人がいたら、やめたほうがいいかも……。

4～8人 / **低学年～**

遊びかた

1 全員車座に座り、スタートの人を決めます。

2 スタートの人は「1」と言って、誰かをはっきり指します。このとき、誰を指したかがあいまいにならないようにします。また、指し忘れたらアウトです。

3 「1」と指された人は、自分も誰かをはっきりと指さして「2」と言います。同様に、指された人は「3」と言って誰かを指します。「3」と言われた人は、今度は「どびん」と言って誰かを指します。

4 「どびん」と言われた人は、「ちゃびん」と言って誰かを指します。同様に、「ちゃびん」と言われた人は、「はげちゃびん」と言って誰かを指します。

5 「はげちゃびん」と言われた人は、「1」と言って誰かを指します。以下、3へ戻り続けます。
つまり、1→2→3→どびん→ちゃびん→はげちゃびん→1→2→3→どびん→ちゃびん→……というように続けていくわけです。

6 途中で言い間違えたり、指し忘れたりした人がアウトで、アウトが出たらアウトの人がまた「1」から始めます。

バリエーション

【数字送り】

【どびん】にちょっと似たゲームで、よく知られているのが【数字送り】です。
車座になって座り、全員に1番から番号を振ります。そしてポンポンと手拍子をとりながら、1番から「ポンポン1番7番」のように、自分の番号を言ってから、次の人を指名します。指名された人は「ポンポン7番3番」のように、次の人を指名します。このように進めて、間違えた人の負けです。指名は番号を言うだけで、本当に指すのではありません。

魚鳥木
ぎょちょうもく

あせると言葉が出ないもの

突然、丸めた新聞紙で指されて「ギョ！」と言われると、とっさに魚の名前が出ませんね。そのあわてぶりが面白い。昔はお座敷で遊ばれていたとか。

8〜20人　低学年〜

|||||||||||| 準備するもの ||||||||||||

☐ 新聞紙の棒　1本
　（新聞紙を丸めて筒にした棒）

|||||||||||| 遊びかた ||||||||||||

1 円陣になって座り、真ん中にオニが立ちます。オニは新聞紙で作った棒を持ちます。

2 次はオニとコドモの掛け合いです。唱え方はいろいろあり、以下は一例です。
　オニ「ギョ・チョウ・モク、申すか、申すか」
　コドモ「申す、申す」

3 オニは1人のコドモを棒で指して、大きな声で「ギョ」または「チョウ」または「モク」と宣言し、続いて大きな声で「1、2、3、4、5!!」と数えます。

4 コドモは、「ギョ」と言われたら魚の名前、「チョウ」と言われたら鳥の名前、「モク」と言われたら樹木の名前を、5秒以内に答えます。

5 もし答えられなければ、オニはそのコドモの頭を新聞紙の棒でポコンとたたいて、オニを続けます。もし正しく答えられたら、そのコドモはオニから新聞紙の棒を受け取ってオニと交代します。
「正しい答え」とは、言われた種類で実在する名称（名詞）のことで、一度答えに出たものはNGです。

つまりこんな感じ。
オニ「ギョ・チョウ・モク、申すか、申すか」
コドモ「申す、申す」
オニ「(コドモAを指して)ギョ!!」
コドモA「……」
オニ「1、2、3、4、5」
　ポカリ(コドモAの頭をたたく)
オニ「ギョ・チョウ・モク、申すか、申すか」
コドモ「申す、申す」
オニ「(コドモBを指して) モク」
　「1、2、3……」
コドモB「サクラ！」
(オニとコドモBが交代する)

6 同じ人を連続して当ててはいけません。オニは、なるべく当たっていない人を当てましょう。

パーティーゲーム

王様じゃんけん
おうさま

走らなくていいイス取りゲーム

じゃんけんさえできれば、幼児でもできます。だんだんと位を上っていって、王様に挑戦するのはワクワクします。しかし、王様も一瞬で家来に転落！

8〜40人 | 低学年〜

|||||||||||||| 準備するもの ||||||||||||||

- [ ] イス 人数分（なくてもできます）
- [ ] 冠 1つ（あれば盛り上がります。帽子で代用してもいいし、紙で作ってもいいでしょう。なくてもできます）
- [ ] 黒板やホワイトボード（あればなおいい）

|||||||||||||| 遊びかた ||||||||||||||

1 イスを内側に向けて丸く並べ、1カ所をあけて、Cの字にします。場所が広ければ一直線に並べてもかまいません（イスがなければ、そのように並んで座ります）。一方の端に座っている人を「王様」とします。残りは「家来」ですが、王様に近いほうが位が高いことになります。王様と反対側の端は一番下っ端の家来です。順番は適当ですが、じゃんけんなどで決めましょう。

黒板があったら、王様の名前を書くといいでしょう。「初代王様 山田太郎」というように。

2 一番下っ端の家来は席を立ちます（この一番端のイスは本当はいらないので、片付けてしまってもいいし、そのまま空席で置いておいてもいいでしょう）。立ったら、すぐ1つ上の位の家来の前に立ち、じゃんけんで挑戦します。

- [ ] 挑戦者が勝ったら、さらに1つ上の位の家来に挑戦します。
- [ ] 挑戦者が負けたら、今じゃんけんで負けた相手の席に座り、勝った人が代わりに立って、1つ上の位の家来に挑戦します。

立っている挑戦者と、座っている1つ上の位の人がじゃんけんをするんだね。

3 このようにして、順次上の位の家来に挑戦していくことになります。もちろん挑戦者が負ければ人は交代しますが、やはり上の位に向かって挑戦が続くことになります。最も上の位の家来に勝てば、次は王様に挑戦です。最も上の位の家来に負ければ、最も上の位の家来だった人が王様に挑戦です。

4 王様とじゃんけんをして勝てば、見事2代目王様です。冠をもらいましょう。

> 黒板の「初代王様 山田太郎」の下に「2代目王様 田中花子」などと書き足そう。

王様にじゃんけんで負ければ、最も下っ端の家来まで転落です。でも、すぐに下から2番目の家来に挑戦して、再び勝ち上がりましょう。

5 ゲームの終わりは特に決まりはありませんが、「第10代目王様が就任したら終わり」とか、時間で終わりなどと、決めるとよいでしょう。
最後に、歴代の王様にみんなで拍手しましょう。

バリエーション

10人以上で遊ぶ場合は、待ち時間が長くなってしまいます。そういうときは、挑戦者を増やしましょう。

10人以上で遊ぶ場合

1 1人目の挑戦者が3〜4人先へ進んだら、今、最も下っ端の家来が、1つ上の位に挑戦します。イスを1つ減らしてもいいです。このようにすれば常時挑戦者が2人いて、待ち時間が減ります。

2 さらに人数が増えたり、間延びするようだったら、挑戦者を3人、4人と増やしてもいいです(その分イスを減らしてもよい)。
ただし、挑戦者どうしの間が近すぎないように気をつけましょう。

3 たとえあとからの挑戦者が前の挑戦者に追いついてしまっても、追い越しは禁止です。ちゃんとじゃんけんの順番を待ちましょう。

パーティーゲーム

大金持ち
おおがねもち

5〜50人 低学年〜

知っておくと便利！万能室内遊び

立ち回れる程度のゆとりのある室内ならどこでもでき、5〜50人ぐらいまで、人数が多くても遊べるので、さまざまな場面で使えるゲームです。

準備するもの

- おもちゃのお金　人数×6〜7枚
  （市販のゲーム用のお札でもいいし、新聞紙などを切って作ってもよい）

遊びかた

1 1人に5枚ずつ「お金」を配ります。時間内に、このお金を一番増やした人の勝ちです。

> 「1枚1億円だから、みんな5億円ずつ持っています」などと説明すると盛り上がります！

2 「スタート」などの合図の声でみんなで歩き回り、誰でもいいので出会った人とじゃんけんをします。あいこの場合は勝負がつくまで。勝ったら「お金」を1枚もらい、負けたら1枚渡します。

3 また別の人とじゃんけんをし、また別の人と……と繰り返します。同じ人とのじゃんけんは、連続でなければOKです。

4 しばらくすると、手持ちのお金がなくなり「破産」する人が出てきます。そこでゲームオーバーではつまらないので、「銀行」を用意するといいでしょう。「破産」した人は銀行役の人のところへきて「破産しました」と申告すれば、3億円ずつもらえます。無利子のうえ、返す必要もないけれど、「破産」していない人はもらうことはできません。
銀行役自身は、ゲームに加わりません。

5 適当なところで「やめ！」と合図をし、座ってそれぞれ自分の手持ちのお金を数えます。みんなが数えた頃に、「1億円の人」「2億円の人」……と、カウントアップでみんなの所持金を発表しながら「お金」を回収していきます。一番多くお金を持っていた人が優勝です。

> 「銀行」から借りたお金を差し引きする必要はないよ！

5つの命(いのち)

8～20人 | 高学年～

どちらのカードを出すか!?

少々準備が必要ですが、キャンプや学級活動、宴会の余興などで使えるゲーム性の高い遊びです。筆者の友人の大沼博紀さん考案のゲームです。

|||||||||||||| 準備するもの ||||||||||||||

- □ 封筒　人数＋予備分の数枚
- □ チップ　封筒の枚数×5枚
- □ カード　封筒の枚数×2枚
　　　（名刺の半分ぐらいのサイズ）

※2枚のカードには、それぞれ10～90（50は除く）までの数字を書いていきます。そのとき、20と80、21と79、22と78というように、合計が100になるペアを作って封筒に入れます。同じカードは作りません。

|||||||||||||| 遊びかた ||||||||||||||

1 まず人数分より多い封筒を用意し、チップ5枚と、カード2枚を入れておきます。
　ゲームの開始前に、封筒を1人1通ずつ引いてもらいます。

チップは色が交じってもOK。

2 ゲーム開始の合図で、それぞれが好きな方向に進み、出会った人と挨拶し、自分の封筒に入っている2枚のカードの一方を見せ合います。大きいほうが勝ちなので、大きい数字を出した人は小さい数字を出した人からチップをもらいます。

3 次に、出したカードを交換します。つまり、勝つとチップがもらえる代わりに、カードの数字が小さくなるのです。

4 こうして一定時間遊び、「やめ」の合図でチップを数えます。一番チップの多い人の勝ちです。

- □ チップの枚数が同じ場合は、残った2枚のカードの合計数が大きい人の勝ちです。
- □ 途中でチップがなくなったらリタイヤです。ゲームから抜けて座って待っています。

パーティーゲーム

追いかけハチマキ

ハチマキがあればどこでもOK!

ハチマキ（またはハチマキに代わる物）が数本あればどこでも遊べます。小さい子がいる場合にはゆっくり回してあげましょう。

8〜30人 低学年〜

準備するもの

- □ ハチマキ　数本
- □ イス　人数分（なくてもよい）

> 結ぶといっても1度輪を通すだけでOK。2度通すと本結びになるので、その半分ですね。

遊びかた

1 車座に座ります。人数分のイスがあれば、内向きの一重円にして座るといいでしょう。

2 3人に1本ぐらいハチマキを渡します。このときハチマキを持った人が隣り合わないようにします。難しくしたい場合は、ハチマキを増やして2人に1本ぐらいでもよいですが、この場合も1人おきに渡します。

3 「用意ドン！」で、ハチマキを持った人は、一斉にハチマキを首にかけ、1度結んで拍手を1回、すぐ解いてそのハチマキを右隣の人に渡します。渡された人も首にハチマキをかけ、1度結んで拍手を1回、すぐ解いてそのハチマキを右隣に渡します。

4 こうして左からくるハチマキを順次右に回していき、ハチマキが2本になってしまった人が負けです。

ポイント

みんなの器用さ、素早さによってハチマキの本数を調整しましょう。あまり多いとすぐにダブってしまうし、あまり少ないと間延びしてしまいます。失敗した人（2本持ってしまった人）は一時的にゲームから抜けて、スタートの合図をする人になってもいいでしょう。その場合、次の失敗者が出たら交代します。

ハンカチ落とし

昔からある大勢で遊べる遊び

気づかれないようにオニがハンカチを落とし、円の周りを走って逃げます。この遊びの特徴は、オニが追う身にも追われる身にもなるという点です。なお、ハンカチは座っている子のすぐ後ろに落とすこと。

8～30人 低学年～

|||||||||||| 準備するもの ||||||||||||

☐ ハンカチ 1枚

|||||||||||| 遊びかた ||||||||||||

1 オニを決め、オニ以外のコドモは車座に、直接地面に内向きに座ります。

2 オニはハンカチを持って、車座の外側を小走りで回り、3周する前に誰かの後ろにハンカチを落とします。

お便所に入れられるのはこんなとき。

☐ ハンカチを落とされたコドモが気づかず、1周してきたオニにタッチされたとき。
☐ ハンカチを落としたオニがコドモに気づかれて追われ、1周する前にタッチされたとき。
☐ ハンカチを持ったまま、オニが3周以上したとき(みんなで教えてあげよう)。

 落とすふりをしてもいいよ。

3 座っているコドモは後ろ手にハンカチを探し、あったらハンカチを拾ってオニを追いかけます。
走るのは一方向で、バックはできません。

4 オニは1周して、自分がハンカチを落とした場所に座れば逃げ切ったことになり「お便所」に入らなくて済みます。

5 オニに逃げ切られたコドモはそのままオニになり、3周する間に誰かにハンカチを落とし、逃げます。このように続けます。

ポイント

お便所に入るとつまらないので、次のお便所行きの子がきたとき、それまでの子を次のオニにするといいですね。

パーティーゲーム

フルーツバスケット

イス取りゲームの代表格

【フルーツバスケット】はよく知られたイス取りゲームです。ここではバリエーションの【大嵐】も紹介します。

8〜40人 低学年〜

準備するもの

☐ イス　人数マイナス1脚
（肘置きがあるものや、折りたたみイス、車がついているようなイスは向きません。小学校の教室にあるようなイスがベスト）

遊びかた

1 イスを内向きの一重の円形に、すき間なく並べます。司会が最初のオニになり、オニ以外は適当な順でイスに座ります。

> イスは人数より1つ少ないので、オニを除けばピッタリのはず。

2 オニを含めた全員にフルーツ名を割り当てます。例えば、「リンゴ」「ミカン」「スイカ」「モモ」……のように順に割り振っていきます。それぞれのフルーツが同じ人数にならなくてもOKです。フルーツは3〜4種類がよいでしょう。

> 割り当てが終わったら、「リンゴの人、手を挙げて」「ミカンの人、手を挙げて」と、みんなで確認しておくといいよ。オニも「何か」になってね。

3 オニは円の中央に立ってフルーツ名を1つ叫びます。「リンゴ！」と言ったら、リンゴの人は必ず席を移動しなければなりません。リンゴの人が一斉に席を立ったら、オニはあいた席に素早く座ります。すると座れない人が出てくるので、この人が次のオニです。

4 新しいオニは、別のフルーツ名を叫びます（同じフルーツ名を続けて言うのはNG）。全員を動かしたいときは、「フルーツバスケット！」と言い、この場合は全員席を替えなければなりません。このようにして、ゲームを続けます。

> 「スイカとモモ」といった変則バージョンもあります。

バリエーション
【大嵐（おおあらし）】

【フルーツバスケット】と同じ設定で役の割り当てをせず、オニが思いつきで「今朝パンを食べてきた人！」とか「白い靴下をはいている人！」とか「男の人！」などと叫びます。ただし、1人にしか当てはまらないものはNG。全員を動かしたいときは「大嵐！」で。

※「イケメン！」「天才！」などと言うと、意外な人が立ち上がったりして、別の面白さがあるよ。

満員電車

15〜30人 | 低学年〜 | キケン

ものすごく面白いのだが……

イス取りゲームの一種ですが、極めて面白く激しい遊びです。若干の危険が伴いますし、集団で1人をいじめるような形になりますので、実施に当たっては十分な注意が必要です。

準備するもの

□ イス　人数分

遊びかた

1 人数分のイスを内側に向けて円形に並べます。このとき、イスとイスの間にすき間を作らないようにします。

2 全員イスに座り、じゃんけんなどでオニを1人決めます。この遊びのオニは大変つらいので、最初は指導に当たる人とか、年長の子がやるといいでしょう。以下、例として12人でやるとして説明します。

3 オニは円の中の自分のいた席の反対側あたりに立ちます。例えば時計の12時の席にいたら、時計の6時の席の前あたりに立ち、12時のほうを向きます。これで準備完了。

4 オニのいた席の隣の人、つまり1時の席の人は、隣の空席（12時）を示し「ここが空いているよ、どうぞお座りなさい。おいで、おいで」と親切そうに言います。オニが12時の空席に座ろうと駆け寄ったら、素早くその席に移動してふさいでしまいます。すると1時の席が空くので、オニはそこへ座ろうとします。

5 もしそこへ座られてしまったら、今度は2時の席の人がオニにならなければならないので、2時の席の人は素早く1時の席へ移動します。するとオニは2時の席を狙い3時の席の人がそれを阻止すべく2時の席に移動し、3時の席が空くので、4時の席の人が……と空席が移動していきます。

6 オニは走って空席を追跡し、あるいは先回りして座ろうとします。オニに座られてしまったら、次の席の人が新しいオニとなります。

7 新しいオニは反対側に立ち、空席の隣の人が「おいで、おいで」と誘います。これらを続けて遊びます。

パーティーゲーム

ホッキー

2人〜　低学年〜

学校の先生にしかられる遊び

ほうきで遊ぶホッケーです。大掃除や学年末の机とイス移動で教室が空になったときが絶好の機会です。パックはソフトプラスチックか硬質ビニールのブロックがオススメです。

準備するもの

- ほうき
- ブロック（または代用できるもの）

遊びかた

1. 教室の前半分組と後ろ半分組に分かれます。パックをほうきでたたいて、相手側の壁に当てたら得点です。

2. 得点したら、自分のサイドまで一度戻ります。そして得点されたほうは、すぐに反撃を始めてかまいません。このようにして点を競っていきます。

本気を出しすぎると確実にほうきが壊れますので、良い子は決してやらないようにしましょう。

コラム [江戸むらさきの蓋]

私の通った高校は全寮制でした。ここで3年間楽しく過ごしたのですが、寮・学校・食堂が渡り廊下で結ばれており、1日中上履きで過ごしていましたので、学校指定の上履きは革製のしっかりしたものでした。また教室の前は長さが7mほど、幅2mほどのコンクリートの廊下で、表面がコーティングされているのか平らでつるつるでした。ここが絶好のフィールドで、サッカーもどきをしてよく遊んだのです。パックは瓶詰の蓋を裏返したものがベストで、我々はこの遊びを最も適した用具から「江戸むらさきの蓋」と呼びならわしていました。ルールは上記の【ホッキー】とほぼ同じですが、ほうきでなく足でパックを蹴り滑らせました。サッカーと言っても蹴り上げるのは禁止です。革の上履きで「江戸むらさきの蓋」をバシッと蹴り滑らすと、まるでエアホッケーのような高速でコンクリートの上をまっしぐらに滑ります。そこへ待ち構えるように革の上履きを差し入れると、カーンと反射しさらに横の壁にワンクッション入れて、相手のゴールへ逆襲します。これは私が体験した最も面白い遊びの1つでした。小学校の体育館で【ホッキー】に使ったようなブロックを用意して、片方の上履きを脱いで手に持ちこのパックをたたくと、上記の「江戸むらさきの蓋」ほどではありませんが、パックは体育館の床を高速で滑って行きます。これが【上履きホッケー】で、ルールは【ホッキー】などと同様です。片足裸足で走り回るのがつらいなら、スリッパを借りてきて手に持ち「スリッパホッケー」にしても面白いです。

第4章

対談｜遊びへの誘惑
草場純 × 斎藤次郎

1950年代と1970年代の子ども遊び

斎藤　草場さんが教員になったのはいつでしたっけ？

草場　1974年、小金井市で教員生活が始まりました。その後、杉並、中野、練馬などに異動しましたが、全部で32年かな。

斎藤　1970年代のなかば以降ということになりますね。当時の子どもたちの遊びは、草場さんご自身が小学生だった頃の遊びとずいぶん変わってきていたのでしょうね。

草場　私が生まれた1950年は敗戦5年目ですが、遊びだけでなく子どもの生活環境が、70年代とは全然違っていました。敗戦ではあるけれど、もう空襲はないし、これからなんとかなりそうという解放感があふれていた時代でした。東京の北区、隅田川の源流が荒川放水路と分かれるあたりが遊び場でした。原っぱはあるし、空き地はあるし、遊び場には事欠きませんでした。

斎藤　その空き地や原っぱでどんな遊びをしていたんですか？

草場　私は「三大遊び」と言っているのですが、まず「水雷艦長」ですね。それと「Sケン」と「長馬」。あと「五当て」とか「どこいき」とか。これは石を投げ入れて走って、指定の物にタッチして帰ってくるもの。それから「冒険遊び」と呼んでいたけど、川沿いに工場跡があって、そこがかっこうの遊び場でした。近所の大人は「危ないからそんなところ

で遊ぶな」と言っていたかもしれないけど、子どもは聞いちゃいなかった。囲いもなかったしね（笑）。

斎藤　なんだか遊びの原点みたいですね。でも70年代になると、そういう原風景そのものが消えてしまいますよね。

草場　マンションが建ったり駐車場になっちゃったりして空き地が消えて、空間的制約ができたのが1つ。もう1つは時間です。塾の時間が来ちゃって友達が帰っちゃう。自分は塾に行かなくても、仲間が欠けていくと遊びが成立しなくなっちゃう。空間的にも時間的にも、70年代に入ると遊びにくくなったんじゃないかなあ。

斎藤　草場さんが先生になったのって、まさにそういう時代の始まりの頃ですよね。

草場　そうです。高度成長期以降ですからね。最初の学校に赴任したとき、朝礼で聞いたんです。「ねえ、Sケンって遊び、知ってる？」って。誰も知らなかった。それで放課後、「昔の遊びだけどやってみたい子はおいで」って言ったらいっぱい来ました。教えたら、たちまち夢中になりました。それが私の原点ですね。「こんな面白い遊びやったことがなかった！」と言われたんです。そうか、こういう遊びを知らないのか、とすごく印象的でした。

斎藤　誰も知らなかったということは、遊びの伝承が途切れちゃったということですよね。草場さんが遊んでいた「三大遊び」って、どれも近所のお兄ちゃんとかガキ大将

125

に教えてもらったものでしょう。教えてもらったというか、一緒に遊ぶ体験の中でルールや面白さのカンドコロを理解していったというべきか。

草場 そうです。この本の中にもガキ大将や近所のお兄ちゃんに教わった遊びがたくさん入っています。それがなかなか次世代やそれ以降の人に伝えられないので、こういう本という形にして広く知らせることができればいいのかな、と強く思ったんです。

遊びの集団と伝承

斎藤 遊びの伝承がうまく続くためには、遊び集団が子どもたちの日常生活の中に当たり前のように位置し機能していないといけないわけですよね。

草場 そうです。私の子ども時代のことでいえば、そこに行かなければ遊べない。そこから外れたらやることがなくなっちゃうという大事な場所でした。お互いに排斥されたら終わりと思っているから、厳しいルールでもちゃんと守る。ルールを守るというのとも少し違うな、ルールだから守っていたのじゃなく、みんなでその場を作っていくという内的衝動につき動かされて遊んでいたのが実感ですね。

斎藤 わかります。遊び集団という言葉を便宜的に使ってしまいましたが、学校から帰って以降の子どもの包括的なインフォーマル・グループが、地域ごとの遊びを支えて伝承していたわけですね。

草場 私が教員になって、「あれっ?」と思ったのは、子どもたちが下校時に約束するんですよ。「今日は3時45分に遊ぼうね」とか、みんながそれぞれにアポイントをとるんです。私が子どもだった頃はいつもの空き地に行けばよかった。今は約束しないと遊べなくなっちゃったんですね。逆にいえば、ゲーム機やパソコンがあるから1人でも退屈しないという面もあるんですが……。みんながネット空間に行っちゃって、1人1人充足しているっていうのは本当に大丈夫なんですかね。

斎藤 それって「時代の趨勢」という決まり文句でやり過ごしてしまえない大問題ですよね。

草場 趨勢には違いないんですが、こんな変化もあるんです。私は電気を使わないボードゲームやカードゲームを中心に、「ゲームマーケット」というイベントを2000年からやっていたんですが、2000年のときは400人だった参加者が、2001年の第2回は500人、第3回は600人としだいに増えて第10回には2000人にまでふくれあがりました。2000年というのはデジタルゲーム全盛の時代でした。それが少しずつだけど、アナログゲームの世界に戻ってきた、という現象があるんです。電気を使わずに外でするような遊びも、指先で遊ぶより楽しいと見直されるときがやってくるんじゃないかという気がするんですけど。

斎藤 最近、若い人でも麻雀をする人が増えたようですが、コンピューターゲームから入るんですね。実際に4人で卓を囲むという体験は乏しい。何回かやったあと、「実際にやるのってどう?」と聞くと、みんな「面倒くさいけど面白い」って言います。やっぱり人と向かい合ってするゲームにも独特の緊張感があって、少しずつ相手の性格までわかってくるようだ、なんていう人もいます。人と人が交じり合うグループの中に遊びの何にも代えがたい魅力があるのじゃないでしょうか。

遊びの伝承の
一翼を担って

斎藤 「遊びの伝承」ということにもう一度戻ってみたいのですが、大学生に鬼ごっこの話をするとき、子どものとき、どんな鬼ごっこをしたのかたずねると、結構いろんなのが挙がるんです。「高鬼」「色鬼」「手つなぎ鬼」から「缶蹴り」「ケイドロ」まで、多種多様です。その上楽しそうに体験談までする人もいます。それで、その遊び誰に教わったのと聞くと、保育園や幼稚園の先生が一番多い。ついで学童クラブとか児童館。もちろん草場さんみたいな学校の先生に出会えた子どもも、数は多くないけれどいます。総じて、大人から教わっているんです。少し大きい子に交じって遊んで覚える、伝統的な伝承スタイルじゃないんです。でも、それでもいい、と思うのですが……。

草場 「缶蹴り」を子どもたちに教えたとき、大部分は知らなかったんだけど、1人だけ知ってるよって言う子がいて、どうして知ってるのか聞いてみたら「カンキチさんに教わった」というんです。漫画の『こちら葛飾区亀有公園前派出所』の両津勘吉のことだったんですね。漫画の中で缶蹴りをやる。ルールは図解で説明してある。その子はそれを見て覚えたというんです。ああ、こういう伝承もあるんだと感心しました。勘吉さん、おそるべし（笑）。

斎藤 なるほどなあ。伝承といってもいろんなチャンネルがあっていいわけですね。漫画でもテレビでも、入り口はなんでもいい。この本もそういうチャンネルの1つですね。

草場 私が心を砕いたのも、正しいルール、面白く遊べるルールを伝承したいという点でした。例えば「色鬼」なんかも、鬼が数を

数え終わってから色を指定するのだとすぐ捕まっちゃうんです。先に色を指定してから数を数えるようにすれば逃げる子に余裕が生まれる。ただこれだけのことなんだけれど、この順序を知らないと遊びとして成立しにくい。すぐ捕まっちゃって、「なんだよこれ、つまんないや」って終わってしまうんです。

斎藤 そうか！ 遊びにはそれぞれ大事なポイントみたいなものがありますからね。この本でいうと、「遊びかた」という基本ルールや、「準備するもの」の他に「バリエーション」や「コラム」が書き添えられていますが、これもそういう配慮からなんですね。

草場 はい。そうですね。それとこの本に書いたのは、全部私が実際に楽しんだ遊びだということは強調しておきたいと思います。遊びの中のことは遊びの中にいる人しかわからない。でも遊びながら本を書くことはできない。だからそれぞれの遊びの中の自分の体験を思い出しながら、なるべくそれを生のかたちで伝えるように努めました。実際にはルールしか書いてないんだけれど……。

斎藤 こういう対談なんかもふつう、この種の本にはないんでしょうが、どういう人がどういうつもりでこの本を書いたのかってところを読者の方に伝えたくて、草場さんにお付き合いいただきました。

草場 こういう遊びもあるよ、こうやると面白いよっていう提案というか、一種の誘惑ですね。だから、これを読んで、「こうやったらもっと面白かったよ」なんて話が聞けたらうれしいですね。

斎藤次郎（さいとう・じろう）
「子どものことは子どもにならえ」がモットーの教育評論家。「草場純の遊び百科」を連載していたミニコミ誌『子どもプラスmini』元編集代表。著書に『気分は小学生』（岩波書店）、『子どもの心探検隊』（赤ちゃんとママ社）など多数。

さくいん

【あ行】

94 青冠
15 青山墓地
103 あたまとり
25 あぶくたった
37 いちにのさん
98 市場の商人
39 一週間
119 5つの命
13 いもむしごろごろ
52 色鬼
21 イロハニコンペイト
76 ウルトラじゃんけん
63 Sケン
82 鉛筆会戦
120 追いかけハチマキ
116 王様じゃんけん
118 大金持ち
101 大きいちょうちん
90 オーサー
18 おてぶし

【か行】

60 会戦
79 顔合わせ
27 鍵
91 掛合トランプ
17 からすかずのこ
53 缶蹴り
80 貴殿の頭
115 魚鳥木
28 くつかくし
75 グリンピース・ドン
46 ぐるぐる鬼
65 ぐるぐるケン
16 黒猫
74 軍艦じゃんけん
58 五当て
96 ごいた

50 凍り鬼
110 古今東西
111 古今南北
26 今年の牡丹
81 金毘羅船々

【さ行】

35 猿の谷渡り
10 鹿しか、つの何本?
51 しっぽとり鬼
45 車輪鬼
78 じゃんけんカブト
62 じゃんけん陣取り
108 人名地名
66 水雷艦長
106 好きですか? 嫌いですか?
95 ステッケムアップ
88 セブンスペード
42 ぞうきん

【た行】

47 台鬼
20 竹の子1本
73 出せ出せ(どんどん拳)
61 タッチ陣取り
34 竜巻
93 チェッカー
114 ちゃびん
48 朝礼台鬼
59 天下町人
55 天下取り
40 天国と地獄
83 電話交換機
70 投扇興
107 頭足類
12 堂々巡り
72 藤八拳
38 どこいき
113 どびん

92 ドミノ

【な行】

36 長馬
11 なかなかホイ
32 ながなわとび

【は行】

57 はさみっこ
22 はじめの一歩
64 8ケン
54 8の字
24 花一匁
100 はなはな
121 ハンカチ落とし
87 豚のしっぽ
44 増やし鬼
56 フライ取り
104 フラッシュ
49 ブランコ鬼
122 フルーツバスケット
77 ペアじゃんけん
14 蛇ごっこ
68 ボーダーボール
124 ホッキー

【ま行】

84 巻紙探検
29 まりつき
86 マルバツ
123 満員電車
85 三山くずし
102 ものはづけ

【や行】

112 詠み人知らず

【ら行】

19 羅漢回し

128

あとがき

集団で外遊びをする子どもたちの姿は、私自身が子どもだった頃に比べてずっと少なくなりました。スポーツクラブやスイミングスクールに行く子どもは増えたと思いますが、それは遊びではなくスポーツといえます。

そんな昨今、私が最も危惧しているのは、文化としての遊びの伝承が途切れてしまうことです。かつて遊び集団の中で生まれ、育ち、子どもたちから子どもたちへと伝えられてきた遊びの方法は、遊び集団が消え去るとともに失われ、二度と戻ってこないのではないでしょうか。私がかつての年かさの遊び仲間たち、同年輩の友達、あるいは大人になって生徒たちから伝承された遊びの方法は、今こそ記録しておかないと永遠に失われてしまうのです。それは外遊びに限りません。卓上でも室内でも、電気を使わずほとんど道具も使わない遊びの中にも、忘れられそうな遊びがたくさんあります。

そこで、この本では外遊びやわらべ遊びはもちろん、教室遊び、パーティーゲーム、そしてトランプゲームまで、幅広いジャンルにわたった遊びを雑多に盛り込みました。「宝箱」と名づけた所以です。

ポイントを押さえた説明も心がけました。どこが面白いのかというゲームの「心」を外すと、遊びは途端に色あせてしまいます。そうしたポイントがごく些細な点であったりするのが、遊びを伝える難しさでもあります。また、危険を伴う遊びも上記のような趣旨で敢えて入れました。遊ぶときには十分注意してください。遊びは時代により、地域により、仲間によって変化していきます。この本に書いたルールだけが正しいなどと言うつもりは、もちろんありません。しかし、多くの遊び方のうちの一例でも本にまとまっていれば、細かい点を忘れたときすぐに役立ちますし、新しい工夫をするとき

にもどこを変えたかが確かめられます。きちんと書かれてこそ、文化としての基礎となるでしょう。

遊びは大切だと言う人は多いのですが、本当に文化として大切にされてきたかと言えば、そうではないように思います。こうした点で、この本は挑戦でもあります。

本書に掲載された遊びは、どれも私自身が何度も何度も遊んで確かに面白いと感じたものを、その面白さが損なわれないように書いたつもりです。また、すべては遊び仲間や仕事仲間、同好の人たちや先輩や子供たちから学んだもので、文献から覚えたものは1つもありません。従って参考文献も挙げていません。

最後に、この本が出来上がるまでの経緯に触れておきます。最初のきっかけは、1990年に教育評論家の斎藤次郎氏の主宰する『三輪車疾走』(雲母書房)に、私が執筆した「今年の牡丹」についての短文を載せていただいたことです。それが縁で、1999年から『子どもプラス』(プラス通信社)に「おもちゃのかちにげや」として、ついで2005年からは『子どもプラスmini』(プラス通信社)に「草場純の遊び百科」として、さまざまなゲームや遊びについて連載させていただきました。本書はこれがベースとなっています。当初はプラス通信社から出版する予定で編集を進めていただきましたが、より広い読者に渡るようにと、最終的にはスモール出版の編集・刊行となりました。ここまでの編集・出版に携わってくださった方々、全員に感謝いたします。

そして読者の皆さん、よく遊び、よく遊べ！
どうかこの中から、あなた自身の宝が見つかりますように。

草場純

本書は、『子どもプラスmini』(プラス通信社)2〜40号(2005年7月〜2007年8月)連載の
「草場純の遊び百科」を大幅に加筆修正し、その他書き下ろしを加えたものです。

著者近影

遊びの宝箱

発行日　2016年5月17日　第1刷発行

著者　草場純

構成・編集　中村孝司（スモールライト）、室井順子（スモールライト）
編集　斎藤次郎・鈴木千佳子・平舘玲子・山田幸子・白土章（以上　プラス通信社）
ブックデザイン　大橋一毅［DK］
イラスト　もちつきかつみ
校正　会田次子
営業　藤井敏之（スモールライト）
SPECIAL THANKS　中川英祐（トリプルライン）、やまださちこ、愛甲香織、三宅 舞、山田寧々
　　　　　　　　石橋大吉、NPO法人フリースペースたまりば

発行者　中村孝司

発行所　スモール出版
　　　　〒164-0003　東京都中野区東中野1-57-8　辻沢ビル地下1階　株式会社スモールライト
　　　　電話　03-5338-2360 ／ FAX　03-5338-2361
　　　　e-mail　books@small-light.com ／ URL　http://www.small-light.com/books/
　　　　振替　00120-3-392156

印刷・製本　中央精版印刷株式会社

定価はカバーに表示してあります。
乱丁・落丁（本の頁の抜け落ちや順序の間違い）の場合は、小社販売宛にお送りください。
送料は小社負担でお取り替えいたします。
なお、本書の一部あるいは全部を無断で複写複製することは、法律で認められた場合を除き、著作権の侵害になります。

© Jun Kusaba 2016
© 2016 Small Light Inc. All Rights Reserved.
Printed in Japan
ISBN978-4-905158-33-2